高校生のための
現代文ガイダンス

ちくま評論文の論点21

五味渕典嗣
松田顕子
吉田　光
編

JN058676

筑摩書房

はじめに

この小さな本には、21の「論点」を収めました。これらの「論点」は、この本を手に取ったあなたが「世界」と出会い、「世界」をよりよく知るためのとびらに他なりません。

「世界」ということばには、大きく二つの意味があります。ひとつには、人間が暮らすこの社会全体をさすもの。もうひとつは、個人としての「私」が見たり聞いたり手応えをもって感じたりできる現実の範囲のことです。つまり、「世界」にはマクロとミクロの二つの意味がある。「大きさ」「小ささ」をイメージさせる表現が適切でないのなら、外に向かっていく意味と、自分自身の内側を掘り下げていく意味がある、とも言えます。

そのように考えれば、人間のあらゆる「知」の営みが、この「私」にとっての「世界」から出発しつつ、全体としての「世界」を捉えようとする営みであることが理解できるはずです。実際にひとが経験できることは多くありません。現実の社会はあまりに複雑で、神ではない人間には、そのすべてを認識することはできません。未来を予測することはおろか、すでに起こった過去のすべてを知ることさえ難しい。ですが、人間には好奇心があります。自分を取りまくこの現実と、他ならぬ自分自身のことをよく知るために、自らの心と身体に問いたずねながら、自分が理解できる「世界」の範囲を押し拡《ひろ》げようとします。

このようにして、二つの「世界」を結び合わせていく筋道のことを、私たちは一般に「学問」と呼んでいます。

この本の7つの章は、大まかに言って、あなたがこれから出会うだろう学問の領域に対応しています。章ごとに掲げた3つの文章と「論点」は、そこから出発する旅の中でどんな経験と出会えるか、どんな困難や問題とぶつかるかを示すチェックポイントのようなものです。合わせて、その旅のルートを切り開いた先人たちや、旅を続ける上で役立つキーワードも紹介しています。「論点」どうし、各章どうしのつながりにも配慮しました。読み進めていく中で、前の部分で見知ったひとの名前や、別の学びの旅でも問われていたテーマと出会い直すこともあるはずです。それが学問である以上、入口こそ違えど、「世界」を知るという目的は共通しているからです。

この本が用意した21の関門すべてをくぐり抜けたとき、あなたは、それまでとは違うやり方で「世界」と向き合うことのできる、一枚の地図を手にしているはずです。まだまだ書き込むことのできる余白が多くあるその地図を使って、次はどんな旅に出るのか。それを決めるのは、あなた自身です。

二〇二〇年八月二四日　編者

【本書の構成】

本書では、現代評論において重要な21の論点を精選し、それぞれに対応した評論文21本を収録した。

さらに、全体を7つの章に分け、相互に関連する論点を包括的に学ぶことができるよう意を用いた。

●章の構成（本冊）

各章は、以下の構成となっている。

①**論点をつかむ**　各章で扱う論点について、その特徴や背景について、文章と図解で解説した。

②**覚えよう！　人物とキーワード**　取り上げた論点と評論文を理解する上で知っておくべき重要な思想家と、論点に関するキーワードを解説した。

③**本文**　各論点に対応する評論文を、章ごとに3本ずつ収録した。

④**著者紹介**　各評論文の著者について、その来歴や研究内容と、主な著作を示した。

⑤**段落番号**　形式段落ごとに番号（1・2・3…）を付した。別冊解答編の【論の構成】と合わせて参照されたい。

⑥**脚注**　難解な語句・外来語・固有名詞には脚注を付した。そのほか、特に説明が必要な語句については◆を付し、詳細な解説を行った。

⑦**脚問**　文脈を追う上で押さえておきたい語句の意味や、指示語の内容などを問いとした。問いとした箇所は、本文中に番号（❶・❷・❸…）で示した。

⑧**理解**　評論文全体を一読した上で、把握したい本文の要点などを問いとして、本文の末尾に配置した。

⑨**表現**　各評論文の内容を手がかりに、より幅広い学習や表現力の向上を企図できる言語活動課題を挙げた。

●解答編（別冊）

「解答編」は、以下の構成となっている。学習の深度を確認する際に活用されたい。

①**【作品解説】**　各評論文の内容や、読解のポイント、および本文の論点について解説した。

②**【要旨】**　各評論文の要旨を二〇〇字以内でまとめた。

③**【脚問　解答】**　各評論文に付した脚問の解答例を示した。

④**【理解・表現　解答】**　各評論文に付した「理解・表現」の解答例を示した。

⑤**【論の構成】**　各評論文における論の展開や段落関係を図解し、本文全体の構成をわかりやすく示した。

第1章

自己と社会

論点をつかむ

アイデンティティは「自分が自分である感覚」を意味し、**自己同一性**と訳されますが、そもそも自己が何と同一だというのでしょうか。自分自身と他人が思い描く自己像が一致していること、過去・未来の自分が、現在の自分の中に統合されていること……。「同一」というからには、「何か」と「一見違うものにも見える何か」との関係が想定されており、自己同一性という言葉には、自己は閉ざされたものではないということが暗示されています。

また、アイデンティティは私たちの内側にあるものですが、「内側」は「外側」があってはじめて存在するものです。むしろ私たちがアイデンティティを確立するためには、**外部、つまり他者や社会の存在**が必要不可欠になります。他者との対立－協力関係が、逆説的に自分の価値基準に明確な輪郭を与えるのです（**論点❶**）。そして外部との関係を調整する中で、人は他者や社会からの承認を通してアイデンティティを獲得してゆきます（**論点❷**）。

一方で、アイデンティティが既存の上下関係を写し取って成立する側面については、**ミシェル・フーコー**が警鐘を鳴らしています。人種や国籍・性別・能力の間に優劣を設ける社会的な序列に基いて、アイデンティティを自らの優位性と取り違えると、差別や偏見に手を貸すことにもなります。特にアイデンティティの基盤となる言語や文化・習慣の受けとめ方には差別が生まれやすく、**異なるルーツと多様性**を尊重することが大切です（**論点❸**）。外部を内包しながらゆるやかに成立する自己のありようと、社会の多様性の間には深い相関関係があるのです。

1・アイデンティティ＝自己同一性

自己とは、変化しない唯一無二のものではなく、移り変わる**多様**なもの

A **他者との関わり**の中で形成

↓ **複数の自己**

B **価値観や歴史、文化**を共有する集団の中で形勢→**社会的な自己**

2・多様なアイデンティティを認める

複数の自己 **社会的な自己** は他者の中にもある

← 多様な文化・ルーツ・価値観の尊重

↔ 異質な他者の排除や差別

! 一方で 過剰な社会化 の危険性＝社会の支配的な価値観を「内在化」した「主体」の誕生

→ 監視によって社会の人々を従順な行動に導く

＝**「生の権力」**（フーコー）

覚えよう！ 人物とキーワード

【ミシェル・フーコー】 一九二六―八四年。フランスの哲学者。知と権力の研究で知られる。

▼権力 権力とは「したくないことを人にさせる強制力」のこと。この力は国家と個人の間だけではなく、あらゆる人間関係に網の目のようにはりめぐらされている。フーコーは、「アイデンティティ」をこのような力関係の中に自己を位置づけてしまう概念として批判した。

▼生の権力 近代社会では、暴力ではなく監視によって、人々を従順な行動に導くタイプの権力が働いている。フーコーは死の恐怖ではなく、生命を保障した上で人を規律の下に置いて支配する力を「生の権力」と名づけた。

▼パノプティコン 中央に位置する看守が、全方位を監視できる円筒形の監獄。功利主義の創始者としても知られるイギリスの哲学者ジェレミー・ベンサムが発案した建築物だが、フーコーは近代的な権力を具現化したものとして紹介した。

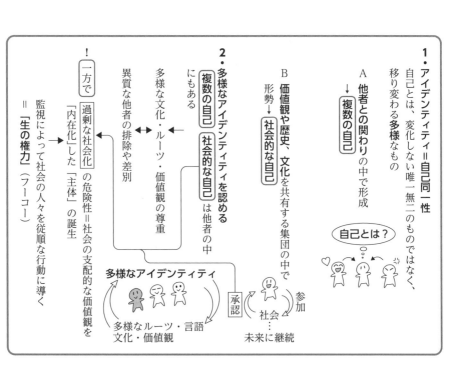

目玉ジャクシの原初的サッカー

岡田《おかだ》美智男《みちお》

[1]集団での遊びでは、どのような調整がおこなわれ、維持されているのか。このことをコンピュータのなかに集団での遊びを作りだしながら議論できないものか、ということで構築されたのが〈目玉ジャクシの原初的サッカー〉と呼んでいる、CG[1]によるシミュレーションである。その内容を簡単に紹介してみよう。

[2]子どもたちが公園のなかでボールを蹴りあって遊ぶように、コンピュータの画面のなかで、一〇〇匹の目玉のやや大きなオタマジャクシ（＝目玉ジャクシ）たちがじゃれあうようにして、赤いボールを追いかけている。

[3]勝手に泳ぎまわりつつも、そのボールが視野に入ってくると、それに触りたいとの思いでボールを追いかけはじめる。このボールというのは、おはじきのようなかたちをしており、目玉ジャクシや周囲のモノにぶつかるたびに、弾きとばされるようにコツンコツンとその進行方向を変えていくのだ。

[4]まずどのようにしたら、このボールにすこしでも接近でき、接触できるものなのか。目玉ジャクシたちは、めいめいに試行錯誤をはじめる。はじめは「とりあえずは、ボールに近づくことができ、それに触れればいいや……。」という感じ

岡田美智男
一九六〇年―。情報・知能工学者。福島県生まれ。社会的・関係論的ロボティクスと呼ばれる分野を専門としており、人間とロボットの関係性をデザインするという観点から、次世代ロボットの研究を進めている。主な著作に『弱いロボット』（医学書院　二〇一二年）、『ロボットの悲しみ――コミュニケーションをめぐる人とロボットの生態学』（松本光太郎との共編著、新曜社　二〇一四年）などがある。本文は『〈弱いロボット〉の思考』わたし・身体・コミュニケーション』（講談社現代新書　二〇一七年）によった。

1 **CG**　［英語］computer graphicsの略。コンピュータによる画像処理。また、そ

だろうか。

⑤どのような状況において、どのようなスピードでどちらに動いたら、ボールに触れるものなのか、そういう成功事例のいくつかを経験として蓄えていく。思い思いにボールを追いかけ、運がよければボールに近づくことができ、何度かに一度はそれに触ることができた。目玉ジャクシたちにしてみれば、❶これでじゅうぶんに幸せだったのだろう。

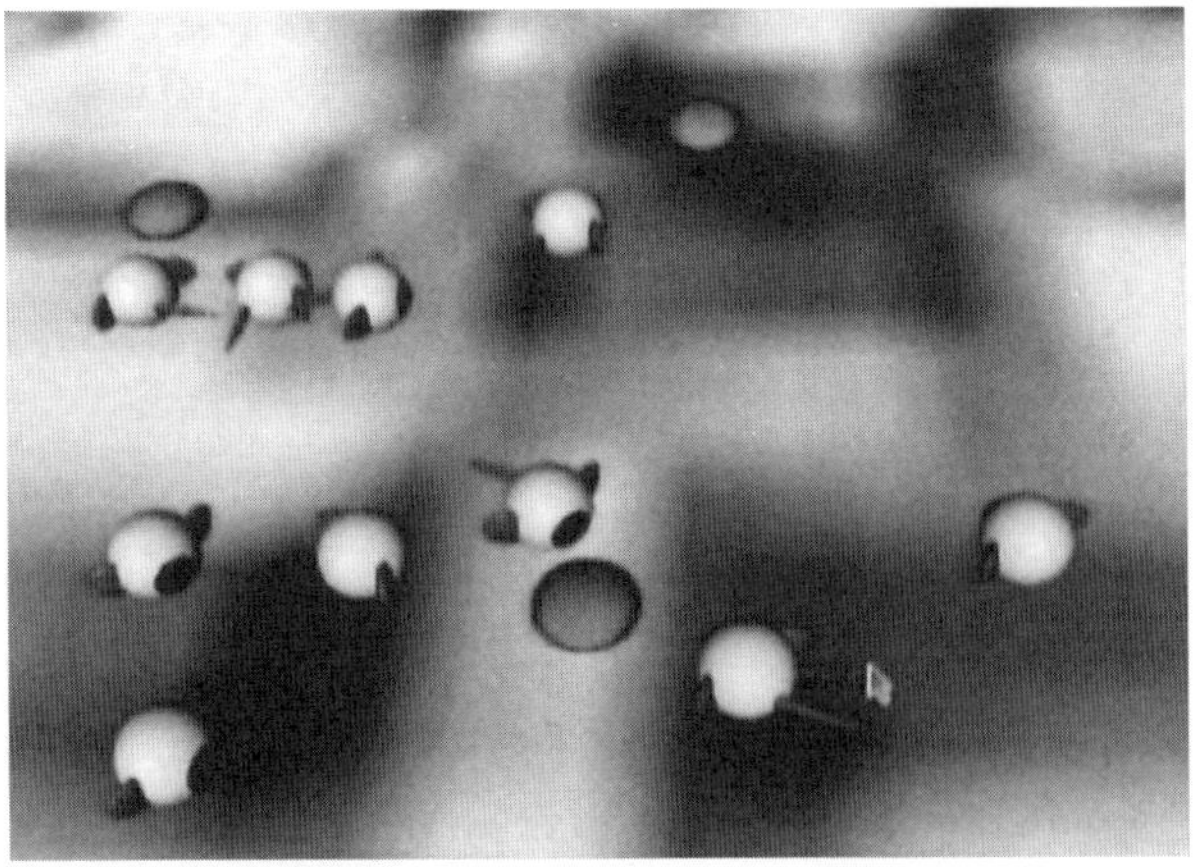
ボールを追いかける目玉ジャクシたち

⑥ところが世のなかはそれほど単純ではない。他の目玉ジャクシたちのいるところでボールを追いかけていたら、今度は他の目玉ジャクシにボールが奪われることも多くなり、なかなか自分のところにボールが届かなくなってしまったのである。一人でぽつんとボールを追いかけているのか、それとも他の目玉ジャクシのいるところでボールを追いかけながら、ボールを弾き返してもらうのがいいか、目玉ジャクシにとって、これはこれでちょっとした

れを用いて描いた図形や画像・動画。

❶「これ」とはどのようなことか。

ジレンマ[2]である。

[7] 目玉ジャクシたちの特徴の一つは、自らの行動基準を自問自答する要素を備えている点にある。ボールをひたすら一人で追いかけるべきか、それとも他の目玉ジャクシの近くにいて、一緒に遊んだ方がいいのか、それぞれの目玉ジャクシの持っている価値基準を「ああでもない、こうでもない……。」と調整していくのである。

[8] 「自分優先の意思を貫くべきか、それとも仲間をもっと大切にすべきなのか。」といった価値基準を自問自答するという意味で、この調整機構は「自己参照系」と呼ばれている。一方で、自己参照系において選択されることになった価値基準の下で、いくつかの行為を繰り出し、そのボールに触るためのコツを学んでいくための学習機構は「他者参照系」と呼ばれている。

[9] 個々の目玉ジャクシは、この二つの学習系を連携させた「双参照モデル[3]」と呼ばれる機構によって、他の目玉ジャクシとのバランスを取りながら、みんなと一緒にボールを追いかけるためのコツを追求するわけである。

[10] 目玉ジャクシたちがひたすらボールを追いかけ、それに触りたいという欲求は、発達心理学[4]の鯨岡峻《くじらおかたかし》[5]先生の表現を借りれば、「自己充実欲求」というものだろう。一方で、そういう「自分の欲求をひたすら追求していたい……。」という思いを抱きつつも、他の目玉ジャクシたちとも一緒に遊んでいたい、つながってい

2 **ジレンマ**　ある問題に二つの選択肢が存在し、どちらを選んでも不利益が生じるため、態度を決めかねる状態。［英語］dilemma

3 **モデル**　見本。原型。［英語］model

4 **発達心理学**　生物の心身の発達過程を通じて、その行動を統制する心理的な様相・傾向を分析する、心理学の一分野。

5 **鯨岡峻**　一九四三年–。日本の発達心理学者。著書に『原初的コミュニケーションの諸相』（一九九七年）などがある。

たいという気持ちもある。このことは同様に鯨岡峻先生の表現を借りて、「繫合《けいごう》希求性」と呼んでいる。

[11]それぞれの目玉ジャクシは、「ボールにすこしでも近づければいい、そして触ることができればいい。」という自己充実欲求と、「他の目玉ジャクシの近くにいたい、一緒に遊んでいたい。」という繫合希求性とのバランス・ポイント（＝自分の価値基準）を、他の目玉ジャクシとの関わりのなかに探りつづけることになる。

[12]「ボールを自分だけで……。」と考えていた自己充実欲求のみに強く偏った目玉ジャクシはどのように変化していくのだろう。はじめは悠々自適にボールを追いかけていたのだけれど、他の目玉ジャクシたちがいつの間にか離れていき、ぽつんと一人だけになっていることに気づいた。なんだかボールに触るという機会もめっきり減ってきたように思う。

[13]そこで、心機一転、自分の価値基準を変更してみる。すこし「ボールにさえ近づければ。」という欲求を弱めて、今度は「仲間のところに一緒にいよう。」という繫合希求性に関する要素を強くしてみる。

[14]ただ利他的な振る舞い[2]だけでは、他の目玉ジャクシたちがボールを占有する時間が長くなってしまい、結果としてはあまりボールに触ることができない。そこでまたほんのすこしパラメータ[6]の修正を図る。そんなことをくりかえし、ちょう

2 「利他的な振る舞い」とは、ここではどのようなことか。

6 パラメータ　ここは、コンピュータプログラミングにおいて、プログラムを実行する際に設定する指示事項や数値のこと。［英語］parameter

どいい価値基準を見出《い》だすのである。

[15]ここで興味深いのは、それぞれの目玉ジャクシたちの価値基準（＝性格のようなもの）は、いつか均質なものとなるのではなく、むしろバラバラで、[7]オリジナルなものになっていくということである。これはどういうことだろう。

[16]これまで誰の近くで遊んでいたのか、どのような性格の仲間と関わっていたのかによって、そこで見出だされた「ちょうどいい価値基準」というのはちがってくる。

[17]例えば、一緒に遊んでいた目玉ジャクシたちが自己充実欲求の強い、利己的に振る舞うものばかりであったらどうか。そうした状況では、やや繋合希求性を強め、他のものたちと多く関わっていた方がボールに関われるかもしれない。

[18]反対に、他の目玉ジャクシたちも一緒に仲間と群れていたいという性格ばかりなら、すこし孤立して、みんなとは距離を置いておいた方がボールに触るチャンスは多そうなのだ。

[19]そのようなわけで一〇匹の目玉ジャクシの価値基準は、みな平準化されてしまうわけではない。一人で悠々と泳ぎ回りながら、それなりにボールに触るような[8]マイペースを貫く目玉ジャクシ。それと他の目玉ジャクシと一緒のところにいて、時折、おこぼれにあずかる、ちゃっかりものの目玉ジャクシ。そんな、いくつかの性格のちがいも生まれてくる。

7オリジナル　独自の。自分だけの。［英語］original

8マイペース　自分にあった物事の進め方。［和製英語］my pace

[20][3]このことは、わたしたちにも当てはまるものだ。これまでどのような人と出会い、どんな暮らしをしてきたのか。そうした偶然ともいえる出会いを重ねながら、自分のオリジナルな価値基準を見出だしていくのだろう。

[21]目玉ジャクシのコミュニティ[9]全体として見れば、一人でボールを追いかけ回すことをよしとする、利己的な振る舞いをする目玉ジャクシの数は減っていき、適当に仲間の近くにいて、結果としてボールをはね返すような働きをするものも増えてくる。この目玉ジャクシたちのコミュニティのなかに、ほんのすこし社会性のようなものが芽生えてくるのである。

[22]それぞれの目玉ジャクシは、たまたま与えられた環境に適応しながら、ボールに近づき、接触する頻度を上げるために試行錯誤する。こうして見出だされた価値基準なのだけれど、さまざまな解釈も可能だろう。

[23]一つには、個々の目玉ジャクシは外に開いた「オープンなシステム」としての性質を備えているということである。この状況にあってどう判断すべきか、なにをよしとすべきなのか、自分自身の持つべき価値基準にかかわらず、自らのなかに閉じていてはなかなか決定しにくい。

[24]むしろコミュニティのなかで関わり、それとともに「一つのシステム」を作りながら、自分らしさを特定していく。

3 「このこと」とはどのようなことか。

9コミュニティ 共同体。［英語］community

[25]もう一つは、ほぼ同様のニュアンスなのだけれど、この目玉ジャクシたちのコミュニティのなかでの役割の取得、あるいは社会的なニッチ[10]の獲得ということがある。

[26]たまたま置かれた環境のなかで、各々の価値基準を見出だしていく。ひたすら一人でボールを追いかけるもの、そして仲間のそばにいて、こぼれてきたボールを弾き返すもの、など。この目玉ジャクシは、自分の価値基準のみを把握しているに過ぎないのだけれど、グローバル[11]な観点から見れば、与えられた環境のなかで、各々の役割やポジションを見出だし、それを素直に果たしているように見えるのである。

[27]その新たな環境に合わせるようにして、もっとフィット[12]した価値基準を探し求める。他の目玉ジャクシと棲み分けながら、その居場所（=価値基準の空間内でのポジション[13]）をすこしずつ変えていく。これは移り変わる季節に合わせるように、自分たちのホッとするところを求めて移動していく、そんな生き物の行動を見ているようでもあるのだ。

[28]自分らしさ、自分の価値観、あるいはアイデンティティ[14]などは、自分のなかに固有なものとしてあって、自分だけが支配し、把握できるもの……と、そんなふうに考えられやすい。しかしそれは鳥瞰《ちょうかん》的な視点からとらえた、自己完結したよ

10 ニッチ　ある生物が生態系の中で占めている位置。一般に「すきま」の意で訳されることが多い。［英語］niche

11 グローバル　地球規模。包括的。全体的。［英語］global

12 フィット　合致する。ぴったりと合う。［英語］fit

13 ポジション　何らかの行動を起こすための位置。場所。［英語］position

14 アイデンティティ　六ページ「論点をつかむ」を参照。［英語］identity

うな自己のイメージにすぎないのだ。

[29] わたしたちはなぜ周囲の環境や他者を必要とするのか。自らの内なる視点から見るならば、わたしたちの身体や〈自己〉というのは完結したものではない。そんな身体にまつわる〈不完結さ〉、つまり〈弱さ〉が周囲との関わりへと駆り立てていたのだろう。その〈不完結さ〉や〈弱さ〉を周りとの調整のなかで補っていくことも、一つのコミュニケーション[15]の事態といえるのだ。

15 **コミュニケーション** ことばや身振りで意思などの情報を伝達し合うこと。［英語］communication

理解

1 「一〇匹の目玉ジャクシの価値基準は、みな平準化されてしまうわけではない」（一二・14）とあるが、それはなぜか、説明しなさい。

2 「自分らしさ、自分の価値観、あるいはアイデンティティなどは、自分のなかに固有なものとしてあって、自分だけが支配し、把握できるもの……と、そんなふうに考えられやすい。」（一四・15）とあるが、筆者は「自分らしさ、自分の価値観、あるいはアイデンティティ」をどのようなものとして捉えているか、説明しなさい。

表現

1 これまでの自分の経験を振り返って、「目玉ジャクシ」がそれぞれの価値基準を見出だしていく「原初的サッカー」と同じ役割をしている出来事や経験を探し、自分の価値基準について四〇〇字以内で作文してみよう。

「私」のつながり

若林幹夫《わかばやしみきお》

[1] 常識的に考えると、「社会」というものは「個人」の後から現れる。社会を構成するメンバーや要素である個人がまずあって、そうした個人のあつまりやつながりとして社会が存在するというのが、多分ごく普通の考え方だろう。社会を構成する要素である個々人なしに、それ以前に存在する社会などという奇妙なものは、どこにも存在しないからだ。

[2] だが、本当にそうなのだろうか？

[3] 私やあなたといった個々人の人生の具体的なあり方から考えてみよう。

[4] アダムとイヴ[1]のような神話の中の「最初の人間」はともかくとして、私たちが生まれてきたときにはすでに、そこには「社会」――他の人間たちが作った関係や集団やルールや慣習――が存在していた。私たちはみな、自分に先立って存在する社会の中に生み出され、その社会に組み込まれて、社会の構成員になったのだ。こうした事実関係に即してみれば、社会は個人の後から現れるのではない。逆に、個人はつねに社会の中に産み込まれる。■1私の存在は、社会の存在に対していつも遅れて、社会の中で与えられるのだ。

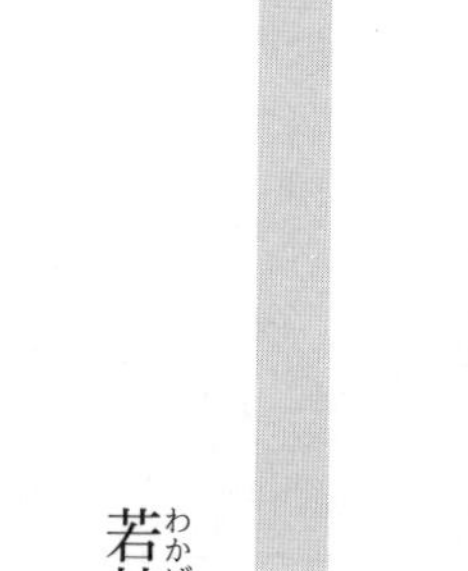

若林幹夫
一九六二年―。社会学者。東京都生まれ。情報理論・メディア論など幅広い知の成果を駆使して、都市やコミュニティの問題を考察している。主な著作に『都市の比較社会学』（岩波書店 二〇〇〇年）、『熱い都市 冷たい都市』（青弓社 二〇一三年）などがある。本文は『社会学入門一歩前』（NTT出版 二〇〇七年）によった。

1 **アダムとイヴ** 『旧約聖書』に登場する、神が創造した最初の人間の男（Adam）と女（Eve）。

■1 「私の存在は、社会の存在に対していつも遅れて、社会の中で与えられる」とは、どのようなことか。

[5] 生まれたばかりの赤ん坊は、さしあたり社会的な個人ではなく、生物としてのヒトの個体にすぎない。だが、そのヒトの個体としての赤ん坊は、生まれてすぐに周囲の人間たち——すでに社会を生きている人間たち——によって、息子や娘、子どもとして扱われ、子や孫といった親族関係上の位置や名前を与えられ、〝社会の中の個人〟として扱われる。自分自身を社会の中の誰かとして自覚する以前に、周りにいる人びとによって〝社会の中の個人〟にさせられるのだ（このことを考えるための事例として、心理学や教育学ではいわゆる「野生児」——オオカミなどの動物に育てられたり、人間の社会から離れて自然の中で生きたりしてきた子ども——のことがしばしば言及されてきた。）。

[6] 私自身もかつてそうだったし、私の子どもも現にそうなのだが、幼年期の子どもは自分自身を言う一人称として、「僕」や「私」という言葉以前に「＊＊ちゃん」といった他者から名指される二人称的な言葉を使う。それは、人が社会の中で見出《い》だすのが、「自分にとっての自分」である以前にまず、「人から呼ばれる自分」であるからだ。「僕」や「私」という言葉を獲得した後でも、[2]この間の事情は変わらない。なぜなら、「私」とは「他者から＊＊と呼ばれる私」であるからだ。「あなたは誰？」と聞かれたとき、「私は＊＊です。」というその名前。それは、私やあなたが他の人びとから呼ばれる名前や属性——学生だとか、主婦だとか、会社員だとか——である。別の言い方をすると、「私」という一人称は、人

2 「この間の事情」とは、どのような事情か。

から「＊＊」と呼ばれる存在を、当の存在が呼ぶときの呼び名であるということだ。「私」とは、つねに、そしてすでに「他の人びとの中の誰か」であり、「他の人びとにとっての誰か」なのである。

7 個人がいつでも社会に対して遅れて、社会の中でその存在を与えられるということ。それは、人がいつも他の誰かとのつながりの中で、自ら「私」と呼び、「僕」と呼び、「自分」と言う〝誰か〟になるのだということである。

8 この〝つながり〟について、もう少していねいに考えてみよう。

9 まず私は、他の誰かと同じ時間の中で、ある空間や場を共有して生きており、そこで誰かとのつながりの中に置かれている。家の中で、地域の中で、学校で、会社で、もっと広い社会の広がりの中で、私たちはそこにいる誰かとさまざまなつながりをもち、そのつながりの中の「誰か」として、他の人びとと関係している。そのつながりの中で私たちは、名前や役割や、性別や年齢といった属性に即した呼び名で他者から呼ばれ、そのような「誰か」として接せられ、応対される。そうしたつながりの中の私の位置や扱いが、私にとっていつも快適とはかぎらない。いじめや差別のように、どうしてもそこから抜け出したいような位置や扱いもある。そうしたひどい扱いや関係から抜け出ようとする私の存在もまた、そうした扱いや関係の中で、そうした関係の後から私の中に現れてくる。私が私を見出だす〝つながり〟とは、私が自らの存在を見出だすそうした状況のことだ。

[10] こうしたつながりの相手は、必ずしも人間でなくともよい。犬や猫のようなペット、野山の獣や鳥、魚や虫でもいいし、家や田畑、山や川のような環境でもいい。神や精霊や魔物や死者のような、現代人の多くから見ると想像上の存在であるものたちでもいい。たとえば農業社会では、人は他の人びとと結びつくのと同じように、ときにそれよりもずっと強く大地と結びついている。狩猟採集する社会では、野山の動植物やその精霊とのつながりが、ときに生身の人間とのつながりよりも大切だろう。現代の社会では、人とのつながりよりもお金とのつながりのほうが大切かつリアルだという人もいるかもしれない。ともかく、そのようなさまざまな空間的つながりの中で、人は「自分」を見出だし、そんなつながりの中の「誰か」になる。同じ時間の中である空間や場を共有する人やモノとのこのようなつながりのことを、同じ時を共有するという意味で「共時性」や「共時態」という言葉で言い表すこともある。

[11] けれども、人が自分を「誰か」として見出だすつながりは、共時的なつながりだけではない。右に私は「死者」[3]とのつながりということを述べた。このとき「死者」という存在はどこにいるのだろうか。

[12] 注意してほしいのだが、私はここで「死体」のことを言っているのではない。死体、つまり死んだ人間の体は、いつも現在という時の中に現れる。エジプトの

[3] 「死者」について、筆者はどのように定義しているか。

[2]ミイラは何千年も前に作られたものだが、私にとってそれは「今、ここにあるよく保存された死体」である。それに対してここで「死者」と呼んでいるのは、死体になってしまった身体の中にかつては〝生きた人間〟の人格として存在していたが、いまやその身体が死体というモノになってしまったので、その身体から切り離して考えられる〝死んだ人間〟の人格のことだ。

[13]ご先祖様とか祖先とかいうのがその典型である死者は、一方では現在に存在する共時的存在として現れる。たとえばお盆の[3]迎え火をするとき、そこで迎えられるのは、「今ここに彼岸からやってきた死者の霊」である。だが他方で死者は、過去に存在するものとしても考えられる。「私たちの先祖は……。」とか、「祖先から継承された伝統として……。」とか言うとき、「先祖」や「祖先」という言葉で総称されるのは、かつて生き、けれども今は死んでしまってもうここにはいない死者たちの群れである。だが、過去に位置するこの死者たちと私たちは、時の隔たりを超えてつながっているものとして考えられている。言語が、文化が、知識が、伝統が、かつて生き、今は死んだ人びとから継承されて今あるものとして存在しているからだ。苗字というのは、両親とのつながりを示しているだけでなく、その苗字を継承してきた今は亡き数知れぬ人びとのつながりの中に個々の人びとが生きていることを示す[4]符牒《ふちょう》のようなものだ。また「日本人」とか「韓国人」、「アメリカ人」や「フランス人」といった言葉が使われるとき、そこで意味

2 **ミイラ** 人間や動物の遺体が、防腐処置によって長期間にわたって保存されたもの。［ポルトガル語］mirra

3 **迎え火** お盆に、祖先の霊を迎え入れるための目印として焚《た》く野火のこと。家の玄関やお墓で焚く場合もある。［反対語］送り火

4 **符牒** 仲間だけに通じる合い言葉・目印。

されているのも現に生きている諸国民の共時的な集合体である場合もあるけれども、そのような共時的なつながりを超えた歴史的連続体としての人びとの群れを意味することもしばしばである。

[14]私たちの生きている世界は、風景や町並み、建物のような有形のものも、言語や文化、法や制度のような無形のものも、その少なからぬ部分——分野によってはほとんどの部分——が、すでに死んでしまった人びとによって作られている。私たちは、その多くの部分が死者たちによって作られた世界に生まれてくる。私たちが経験する「死者たちの作った世界」は共時的な現在である。だが、そのような共時的な現在を生きているということは、その世界を通じて私たちが死者たち、その個々の名も顔も知らぬ無数の死者たちとのつながりを、多くの場合は取り立てて意識することもなく生きているということだ。そうしたつながりを、歴史や時間の流れを通じての関係であるという意味で「通時性」や「通時態」という言葉で言い表すこともある。

[15]「私」という存在は、さまざまな他者や事物との共時的、通時的なつながりの中の「結び目」のようなものとして存在している。それは、私という存在が「社会の中」に存在しているということだ。そしてそのことは、私やあなたが現にある私やあなたであることが、すでに社会的な関係の中で与えられる社会的な出来事

であるということ、その中で私もあなたも、死者をも含んだ私以外の他者たちから与えられ、我がものとした言葉を使い、やはり他者たちから我がものにした慣習や道徳に従って生きているということだ。とすれば、社会について考えるとき、その対象は法律や政治や経済の中に、そしてまたさまざまな「社会問題」の中にあるだけではなく、この私という存在や私の日々の営みの中にすでに存在しているのだということになる。

16 私は社会の中に、つねに社会から遅れて現れる。私も、私の日々の生活も、社会の中で生じる社会的な出来事なのだ。

理解

1 「『私』という存在は、さまざまな他者や事物との共時的、通時的なつながりの中の『結び目』のようなもの」（二一・14）とあるが、「通時的なつながり」「共時的なつながり」とは、それぞれどのようなことか、説明しなさい。

2 「私」が「社会的な出来事である」（二一・17）とはどのようなことか、説明しなさい。

表現

1 「通時的なつながり」と「共時的なつながり」について、筆者の表現を分かりやすく図示してまとめなさい。

ママ語の正体

温《おん》又柔《ゆうじゅう》

1 「ピーチク・パーチク」という擬音語があるが、台湾語でそれにあたるのは「キリグァラ・キリグァラ」（とわたしは思っている）。我が家の女はお喋《しゃべ》りだ。わたしと妹がピーチク・パーチク、母はキリグァラ・キリグァラ。とにもかくにもにぎやかでやかましい。わたしと妹は主に日本語で喋るのだが、母は日本語のほかに中国語[1]や台湾語を奔放に繋《つな》ぎあわせる。たとえば母は、

2 ——あんたたちがペチャクチャ喋ってるのを聞いていると、お菓子を食べそびれちゃう。

3 と言いたいとき、こんなふうに話す。

4 ——ティアー・リン・レ[2]・講話《ジィアン・ホア》[3]、◆キリクァラキリクァラ、ママ、食べれないお菓子。

5 あいもかわらず母は単語と単語の繋ぎ方が「適当」きわまりない。日本語としてはもちろん、中国語としても台

朝岡英輔撮影

温又柔
一九八〇年—。台湾生まれ、日本育ちの小説家。三歳より日本に移住し、現在は日本語で創作活動を行っている。主な著作に『来福の家』（白水社 二〇一六年）、『「国語」から旅立って』（新曜社 二〇一九年）などがある。本文は『台湾生まれ日本語育ち』（白水ブックス 二〇一八年）によった。

1 中国語 北京《ペキン》を中心に話される中国の標準語《プートンホワ》。この他に方言がいくつかあり、台湾語もそれに含まれる。

2 ティアー・リン・レ あなたたちの話を聞く。［台湾語］

3 講話 話をする。［中国語］

湾語としても「非文」[4]というやつである。

[6] ところで母は、日本語のみの文章を話すときも、

[7] ――おいしいのご飯、つくるよ。

[8] ――ほら、薬、食べてね。

[9] ――空、黒くなってきた。

[10] といった独特の表現で胸を張る。子どもの頃は、ママったら、まーたへんな日本語を話してる、と思ったものだが、自分で中国語を学習するようになって、その「正体」が少しずつ摑めてきた。

[11] 中国語では、「美味しいご飯」は「好吃的飯《ハオ・チー・ダ・ファン》」。「薬を服用する」は「吃薬《チー・ヤオ》」。そして「日が暮れる」が「天黒了《ティエン・ヘイ・ラ》」という。それぞれ直訳すれば「おいしいのご飯」「薬を食べる」「空が黒くなる」である。要するに母の繰り出す日本語には、母の母国語である中国語の気配が惜しみなく漂っている。東京・大久保で「餃子《ぎょうざ》おいしいの店」という看板を見かけたときは、思わず立ち止まってしみじみ眺めてしまった。もしも自分が家族と離れ一人異郷をさまよっているときにこの看板を目にしたのなら、きっと目頭を熱くしたにちがいない。そして、いないとはわかっているけれど、懐かしい母の面影を求めてこの店の中へと吸い込まれただろう。うちに帰ってから、

[12] ――ちょっと聞いてよ、今日ね、[1]ママみたいな看板を見たよ。

キリグァラ／キリクァラ
台湾語で、日本語の「ピーチク・パーチク」に当たるとされる擬音語「キリグァラ・キリグァラ」の「グ」は、厳密には「グ」と「ク」の中間のような発音であり、日本語で表記する際に「グ」と「ク」のどちらかに統一するのは難しい。そのため、本文においても筆者は「キリグァラ」と「キリクァラ」の二種類の表記を用いている。

4 非文 文法的に正しくない文。

1 「ママみたいな看板」とは、どのような看板のことか。

[13]いそいそと妹に報告する。妹も、異国で一人のときそんな看板を見てしまったのなら絶対に感涙するだろうと同意する。そこへ、とうの本人である母があらわれる。

[14]――リン・レ・[5]說《シュオ》什麼《シエンマ》?

[15](何のお喋りをしてるの?)

[16]わたしと妹は顔を見合わせて、ナンデモナイ、と含み笑いする。母は、ワカッタ、と叫ぶ。

[17]――[6]リン・コレ・ゴン・ママ的[7]壞《ホワイ》話《ホワ》!

[18](あなたたち、またママの悪口言ってるんでしょ!)

[19]母独特の表現のうち、わたしたち姉妹のお気に入りのひとつが「迷子する」である。

[20]――迷子する、という言い方はおかしい。正しくは、迷子になる、と言わなきゃならない。

[21]わたしや妹がいくらそう教えても、次には「迷子する」と言っている。

[22]母が、道に迷わないでね、のつもりで、

[23]――迷子しないでね。

[24]と言ってしまうのは、おそらく「迷子」という日本語をつかうときに「迷路」という中国語をイメージしているからなのだと思う。中国語の「迷路(mí lù)」

5 **說什麼?** 何を言っているの?[中国語]

6 **リン・コレ・ゴン** また言っている。[台湾語]

7 **壞話** 悪い話・悪口。[中国語]

は、日本語の「迷路（めいろ）」ではなく、「道に迷う、道を失う」の意味である。「迷」が「迷う」という動詞にあたる。ところが日本語の「迷子」は、もともと、「まよいご」すなわち「道に迷っている状態の子どもやひと」のことを指す。だから「道に迷う」という意味でつかいたいのなら、「迷子になる」と言うのがふつうだ。迷子は、知らず知らずのうちに「なる」ものであって、みずからの意志であえて「する」ものではないのだから。しかし母は、「迷子」と「迷路」を混同するのか、「『迷路』をしないで」と言うつもりで、つい「迷子しないでね」と言ってしまうのだろう。それにしても、「迷子をする」。ちょっと面白いかもしれない。正規のルートに従わず、わざと逸脱し、みずから「迷子をする」……急に「迷子」が魅惑的なことに思えてくる？　こうした母によるちょっぴりトンチンカンなニホンゴを、わたしと妹は「ママ語」と呼んでいる。

[25] ――ママが、おいしいのギョーザをつくってくれるって。

[26] ――迷子しないように気をつけなきゃね。

[27] こんなふうに姉妹で「ママ語」を織り込んで喋っていると、母はフンガイする。もう、からかわないでよ、ママのニホンゴ、ちゃんと直してよ、と言う。わたしたちは示し合わせて、

[28] ――言っても直らないんだもん。

[29] ……考えてみれば子どもの頃は、母が何か言い違えるたび、ママそれ違うよ、

といちいち訂正していた。それにわたし自身も、小学校の低学年ぐらいまでは、おかしな日本語をつかうことがあった。友だちの家でお手洗いを借りようとして、

[30]――どこで電気を開けるんですか？

[31]えっ、と友だちのお母さんが変な顔をしたのを覚えている。中国語では、電灯やテレビなどのスイッチを入れるとき、「開」という動詞をつかう。「開」は直訳すれば文字通り「開く、開ける」となる。それに引きずられてわたしは「電気を開ける」と言ったのだ。家ではだれにも注意されなかった。父も母も、「電気を開ける」という日本語を特に不自然とは感じなかったのだろう。

[32]七時のことを、ななじ、と言って友だちに笑われたこともある。

[33]――ユウジュウちゃんったら、赤ちゃんみたい。

[34]七、という数字は、なな、とも、しち、とも言うけれど、時間を示すときは、しち、と言わなければならない……きっと、日本の子たちはこんなふうに、親が訂正してくれたのだろう。わたしは恥ずかしかった。ほかならぬ母が、ななじ、と言うのを聞いてわたしは[2]癇癪《かんしゃく》を起こす。しちじ、って言わなきゃヘンなのよ！

[35]もうその頃になると、我が家で最も日本語に長《た》けているのは、わたしだった。特に、一緒にいる時間の長い母の奇妙な日本語が気になるようになった。母は、一〇歳になるかならない娘のわたしに間違いを指摘されても、ハイハイワカリマシタ～、といつも大らかで――そういう性格なのだ――ちっとも真剣に受け止め

[2] 「わたしは癇癪を起こす」とあるが、それはなぜか。

てくれない。わたしだけが神経質になって、まともな日本語を喋らない（喋れない）母に苛《いら》立つのだった。

36 ——どうしてママは、ふつうのお母さんみたいに、ちゃんと日本語を喋らないの？

37 たぶん中学生だったと思う。いろいろなことが積み重なって、たまらなくなったわたしは、こらえきれず、思いのたけを母にむかってぶつけたことがあった。そのときのことを今でもよく覚えている。母は、しんと黙り込んだ。そして、

38 ——ごめんね、ママ、ふつうじゃない。

39 ニホンゴが震えていた。

40 あれから一〇何年かが経った。大人になった娘たちに、ママのニホンゴ言っても直らないんだもん、と言われて、それもそっか、と笑う母に、わたしは言う。

41 ——気にしないでよ。ママはそのままのほうがいいもん。

42 心からそう思うのだ。日常生活を送る上で困ることはないけれど、母のニホンゴはあいもかわらずちょっぴりユニーク。母による「正しくない」表現の数々は、一見トンチンカンだけど、それなりの法則がある。

43 ——薬、食べた？

44 ——迷子しないでね。

45 ——おもしろいの話、あるよ。

46 これらの「ママ語」を「ママ語」たらしめているのは、吃薬、迷路、好玩的話《ハオ・ワン・ダ・ホア》[8]……といった中国語や台湾語だ。それを知ってからは、余計に母のニホンゴを興味深いと感じるようになった。こうした「ママ語」の数々は、ややもすれば日本語だけでものを思い、考えてしまうわたしにとって、凝り固まったアタマを心地よく解きほぐしてくれる効果がある。

47 それで近頃のわたしは、母がキリクァラ・キリクァラ喋りだすと、とびきりの「ママ語」が紛れ込んでいないかどうか期待を込めて耳を傾ける。

48 （あたしも、ふつうのママが欲しかった）。

49 子どもの頃の、そんな自分に教えてあげたい。ママのニホンゴは素晴らしい。今に、みんなが羨ましがるようになる。娘の表情から何か感じとったのか、

50 ――笑什麼《シャオ・シエンマ》[9]？ ……アイー[10]、リ・コレ・シュン・欺負媽媽的事《チーフ・マーマ・ダ・シー》[11]！

51 （なに笑ってるの？ あ、またママのことからかおうとしてるんでしょ！）

52 母がわたしを睨《にら》んでいる。

8 **好玩的話** 面白い話。［中国語］

9 **笑什麼？** 何を笑っているの？［中国語］

10 **アイー、リ・コレ・シュン** また笑ってる。［台湾語］

11 **欺負媽媽的事** ママのことをからかおうとしているのでしょう。［中国語］

理解

1「ママ語」について本文から分かることを、箇条書きでできるだけ多く挙げなさい。

2「わたし」はなぜ「ママのニホンゴは素晴らしい。」（二九・9）と思うのか、その理由を説明しなさい。

表現

1 言葉とアイデンティティの結びつきについて自由に考え、四〇〇字以内で作文してみよう。

第2章

言語と身体

論点をつかむ

私たちが数を数える時、無意識に十を「キリのいい数」として感じるのはなぜでしょうか。そうした感覚は、両手の指の数という身体の構造に基づいて生まれたものかもしれません。数を見分け、そして世界を理解するために、**「身分け」**する身体感覚が基盤にあったのです。その「身分け」は、「十」をひとつの単位とする十進法の形で、**「言分け」**としてことばの中に定着しています（**論点❺**）。

一方で、英語では「twelve」までがひとまとまり。だから「ダース」という単位があるわけです。文化によって「言分け」の実態はさまざまであり、ことばによって捉えられた世界像は、世界の本質を写し取っているわけではなく、そこには人が「何を認識し、何を名づけるのか」という認識が反映されています。

近代言語学者のソシュールは、言語を**差異の体系**と定義しました。そこでは人が主体的にことばで世界を**分節**するだけではなく、人はあらかじめことばによって分節された形でしか世界に触れることはできないという転倒も起こっていることが示唆されています（**論点❹**）。

しかし、ことばの機能は、単に**シニフィアン**（意味するもの）として**シニフィエ**（意味されるもの）に対応し、世界を名づけるだけのものではありません。ことばは**身体**と響き合いながら、世界と私たちをつなぐ媒介としての役割を担ってくれます。ことばにならない体験や領域に触れる時、人は世界とつながろうとする意志をことばに託し、そこに「呼びかけることば」としてのことばの始原を垣間見ることになるのです（**論点❻**）。

1・言語とはなにか

ソシュール以前……**「言語名称目録観」**（あらかじめ存在しているモノに名前がついたという考え）

↓

ソシュール以後……**言語による世界の分節化**（言語が混沌とした世界を切り分ける）

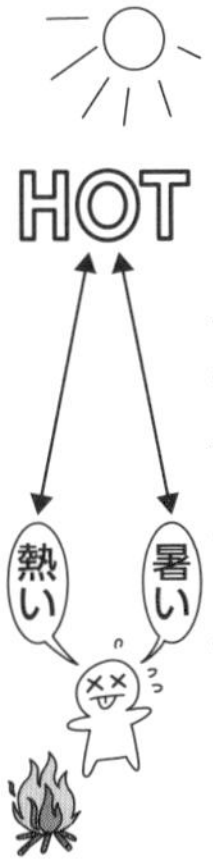

・文化や各国語によって分節化の仕方には**違い**がある

・分節化された世界に生まれてくる私たちは、**言語の統御**からは逃れられない

2・世界を切り分ける「身体」と「言語」

「言分け」 言語による分節化

基盤

「身分け」（身体感覚による知覚的分節化）

↓ 一度「言分け」が存立すると……

「言分け」（**「身分け」**）

「言分け」が「身分け」を包摂

言語は身体感覚を基盤に持つが、ひとたび言語による分節が身につくと、身体感覚も言語の統御を受けるようになる

例 **「あつい」という感覚** — 言語的分節化 — **「暑い」** **「熱い」**

身体感覚も言語の影響下に

3・名づけえない世界

言語は世界の全てに対応してはいない

→分節化されない**「名づけえぬもの」**の存在

→**「呼びかける言葉」**が重要

覚えよう！ 人物とキーワード

【フェルディナン・ド・ソシュール】 一八五七－一九一三年。スイスの言語学者。

▼ラングとパロール ラングは言語の中でも文法や語彙などの社会的に共有された性質を意味し、パロールは個人的に言語を運用していく側面を意味している。ソシュールは両者は相互に影響しあって成立するものと考えた。

▼シニフィアンとシニフィエ シニフィアンは「意味するもの」、シニフィエは「意味されるもの」を表す。ソシュールは両者の結合は恣意的なものであり、言語は他の記号との差異によって成立する「差異の体系」であると考えた。

▼構造主義 人間の主体的意志を越えて、体系やシステムが構造的に現実を規定するという考え方。文化人類学者のレヴィ＝ストロースや記号学者のロラン・バルトらが、横断的にソシュールの言語学を応用する中で、二〇世紀の重要な思想として確立していった。

言語から何を学ぶか

加《か》賀《が》野《の》井《い》秀《しゅう》一《いち》

[1]私たちは日ごろ、「言葉を使っている。」という意識はほとんどありません。だから、何でも自由に考えて、自由に話せていると思っています。でも、はたして本当にそうでしょうか。

[2]子どもに作文を書かせようとするときに、白紙を出して「思ったとおりに書きなさい。」と言っても、子どもは何も書けません。作文に限らず、私たちがモノを作ったり表現したりできるのは、必ず前もってモデルや典型となるものを吸収しているからであり、それを組み替えたりずらしたりしながら、モノは作られるわけです。

[3]ですから、作文だろうがプレゼンテーション[1]だろうが、その型やモデルを仕入れていなければ「思ったとおりに書いてみなさい。」と言われても絶対にできません。

[4]言葉の運用についても、同じことが言えると思います。何でも自由に考え、自由に表現しているように思えるのは、その基礎に言語の習得や習熟があるからです。

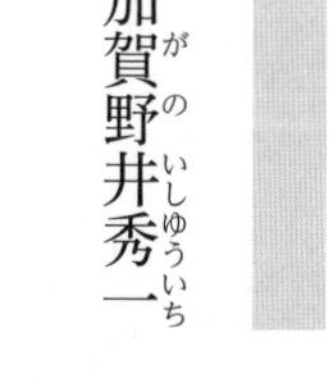

加賀野井秀一
一九五〇年―。哲学者。高知県生まれ。フランス文学・現代思想・言語学など、幅広い分野で研究を行う。主な著作に『二〇世紀言語学入門』（講談社現代新書　一九九五年）、『日本語を叱る！』（ちくま新書　二〇〇六年）などがある。本文は『ことば　あたらしい教科書3』（プチグラパブリッシング　二〇〇六年）によった。

1 **プレゼンテーション**　自分の意見や主張を理解してもらえるように、わかりやすく提示すること。［英語］presentation

⑤一方で、こんな意見もあります。「言葉というものによって、私たちは不自由になっているのではないか。」と。しかし、これもおかしな考え方です。そういうふうに考えること自体、私たちは言葉を通じてしかできません。言葉がなければ、「自由」も「不自由」もないんですから。

⑥たしかに、私たちの認識も思考も行動も、かなりの部分が言語によって牛耳られています。だから、言葉をないがしろにすれば、そのしっぺ返しがくるのは当然です。でもそれは、言葉があるから不自由ということではありません。論理的な言葉も美しい言葉も、さまざまな習熟や応用があって実現できるものなのですから、貧しい仕方でしか言葉と接触しなければ、「ボキャ貧[2]」になるのは当たり前のことです。

⑦ですから、言葉について考えるためには、まず「私たちは自由に言葉を運用できる。」という道具的な言語観そのものを変える必要があります。[❶]言葉がどれほど私たちを牛耳っているのか、このことを徹底的に自覚することなしには、言葉を血肉化させることはできないのです。

⑧言語学の歴史の中で、今述べたような道具的な言語観を根底から覆したのが、[3]フェルディナン・ド・ソシュールです。それまでの言語学では、言語にあたかも実体があって、単語がどのように変化したか、文体がどのように変化したかを調

2 **ボキャ貧** 「ボキャブラリー貧弱」の略。「ボキャブラリー」は、語彙。〔英語〕vocabulary

❶ 「言葉」が「私たちを牛耳っている」とはどのようなことか。

3 **フェルディナン・ド・ソシュール** Ferdinand de Saussure 一八五七—一九一三年。スイスの言語学者。言語を記号の体系と捉える構造言語学を築いた。彼の理論は没後に『一般言語学講義』として刊行された。三一ページも参照。

べれば、言語の正体がつかめると思われていたわけですが、それをソシュールは、言語の価値はそれ自体としてあるわけではなく、言葉と言葉の差異によって決定される、という言い方で説明しました。つまり、言語というのは、実体よりも差異が先にあり、網の目のような差異の体系として出来上がっているのだ、と。

[9] たとえば「大」「中」「小」という三つの言葉があれば、「大」という言葉の価値は、「中」「小」との差異によって決まるわけですね。「大」それ自体が、あらかじめ価値をもっているわけではないのです。

	フランス語	英語
羊	ムートン mouton	シープ sheep
羊肉		マトン mutton

[10] 今、「価値」と言いましたが、ソシュールの言う「価値」とは言葉の意味の守備範囲ぐらいに考えてください。たとえば、フランス語の"mouton"（ムートン）と英語の"mutton"（マトン）は、その守備範囲が異なります。「ムートン」は羊肉にも生きた羊にも使うことができますが、「マトン」のほうは羊肉を意味するときにしか用いません。つまり、「マトン」のほうが守備範囲が狭いわけですね。

[11] これは当時[2]の常識的な言語観、いや世界観を根底から覆すものでした。ソシュール以前は、モノが先立ってあって、そこに具体的に名前がくっついているとい

[2] 「当時の常識的な言語観」と、ソシュールの言語観の違いは何か。

う「言語名称目録観」が支配的でした。しかし、ソシュールの考え方にしたがえば、言語こそがモノや概念を作り出していくということになります。

[12]先ほどの例で考えれば、モノと名前が対応する「言語名称目録観」では、フランス語の「ムートン」に対応する同一の語が英語にも存在しなければならないことになります。モノが先立ってあるとはそういうことです。ところが実際はそうではなく、「ムートン」と「マトン」の守備範囲は異なります。この守備範囲の違いこそが、世界の区別を作り出していく、というのがソシュールの考え方なのです。

[13]言語とは実体ではなく、差異の体系である。このことは、言葉と意味内容との結びつきが、「恣意的」だということにつながっていきます。ソシュールは、言語を記号として捉えました。記号とは、記号表現（意味するもの）と記号内容（意味されるもの）の両者を含む概念ですが、記号表現としての〈イヌ〉という音声（「聞こえ」とでも言うべきでしょうか）と、記号内容としての〈犬〉に必然的な結びつきはありません。それは英語なら、〈ドッグ〉という記号表現が連想されることからも見当がつきます。

[14]ただ、それだけなら、言語名称目録観にしても同じようなことになりますね。実はソシュールの言う「恣意性」とは、言葉とモノとの結びつきだけではなく、

差異の体系そのもの、いわば世界の区切り方そのものが恣意的だということなのです。

[15] ソシュールは、言葉だけでなく、儀式や作法、海上信号なども記号として捉え、「記号学」の一部門として言語学を位置づけようとしました。つまり、世のあらゆる事象を記号として捉え、言語学の知見をそこに生かそうというのが、ソシュールの記号学の構想でした。

[16] 実際、ソシュール以降、[4]記号論が非常に流行《はや》った時期がありました。ただ、結局のところ、我々が知覚するものはすべて意味を持っているわけで、それを記号として捉えたところで、[3]何か劇的な発見があることは少ないんですね。もちろん、[5]ロラン・バルトのような記号論は面白い。映画も[6]モードも音楽も記号とみなすことで、その表向きの意味も裏の意味も解読し、そこには、隠された[7]イデオロギーや神話があるのだということを暴き立てていくわけですから。

[17] ただ一方で、森羅万象を記号として捉えることで、安直な記号論者がうようよと出てきたのも事実です。都市の記号論とか若者の記号論とか、とにかく「記号」とすれば何でも言えてしまう。でも、わざわざ「記号」という言い方をしなくても、たとえば都市の研究をしっかりしてきた人は、対象からきちんと意味を引っ張り出してきていたわけですね。それを事事しく図式化したところで、それ以上に新しいものが出てくるかというと、さほどたいしたことはない。

4 **記号論** 言語に代表される、ある物事を特定の記号を用いて表現する方法について分析する学問。

[3] 「何か劇的な発見があることは少ない」のはなぜか。

5 **ロラン・バルト** Roland Barthe 一九一五—八〇年。フランスの批評家・記号学者。

6 **モード** 流行。[英語] mode

7 **イデオロギー** 特定の社会集団の価値観を表す観念・思想。[ドイツ語] Ideologie

8 **ポジティブ** 疑いなく。確実に。[英語] positive

9 **構造主義** 一九六〇年代にフ

18 ソシュールが卓越していたのは、あらゆるものが、客体としてポジティブ[8]にあるのではなくて、私たちとの関わり合いの中から姿を現してくるのだということを、記号という捉え方を通じて発見したことです。

19 このようなソシュールの言語論は、言語学のみならず、思想の世界にも圧倒的な影響を及ぼしました。記号論、構造主義[9]、ポスト構造主義[10]、いずれをとってもソシュールの影響を抜きにしては考えられません。言語こそが基底部分であり、その不思議なメカニズム[11]を意識することなしには、社会や世界のあり方を考えることはできないということです。

ランスで生まれた思想。人間の意識や行動の背後にある構造（関係のシステム）から世界を捉えようとする学問。

10 ポスト構造主義　構造主義のもたらした成果をふまえ、近代社会以来の啓蒙《けいもう》的思想を批判した学問の総称。「ポスト」は、「後に」。

11 メカニズム　物事や物体の仕組み・仕掛け。[英語] mechanism

理解

1 言語が「差異の体系として出来上がっている」（三四・5）とはどのようなことか、説明しなさい。

2 本文は全体が三つの部分に分かれているが、それぞれに短文で見出しをつけ、意味段落同士の関係を簡単に説明しなさい。

表現

1 フランス語のムートン（mouton）と英語のマトン（mutton）の例のように、日本語とは「守備範囲」（三四・11）が異なる外国語の具体例を探してみよう。

身分けと言分け

斎藤慶典《さいとうよしみち》

「[1]身分け」とは、世界の身体的分節化のことである。私たちの下で世界は、何よりもまず視覚・聴覚・触覚・嗅覚・味覚といういわゆる五感を介して「現象」する。これらの「現象」は、目や耳や皮膚面や鼻や舌といった特定の身体器官ないし部位によって固有の仕方で分節化されており、それらを「身分け」と呼ぶことに異存はないだろう。

[2]さて、こうした「身分け」に対して「言分け」とは、世界の言語的分節化のことにほかならない。私たちの下では、右で挙げた知覚的分節化でさえすでにこの言語的分節化と無関係ではない。私たちにはこの色は「赤」く見えるのだし、あの音は「甲高く」響き、この本の表紙は「すべすべ」し、蠟梅《ろうばい》[1]の花は「香ぐわしく」、ラガー・ビール[2]は「ほろ苦い」（ここでの論点とは関係ないが、こうやって列挙してみると、私たちの下では嗅覚に関する語彙が他に比べて圧倒的に不足していることに気づく）。他の生物たち（とりわけ動物たち）にとっても世界は彼らなりの「身分け」を通じて「現象」していると言ってよいのだから、そうした「身分け」にことさら「言分け」が関わる必然性は、少なくとも私たちが生きて

斎藤慶典
一九五七年―。哲学者。神奈川県生まれ。デカルト、フッサール、レヴィナスなどの西洋近現代哲学者について研究するかたわら、一般読者に哲学の深奥を解説した著書でも知られる。主な著作に『哲学がはじまるとき――思考は何／どこに向かうのか』（ちくま新書　二〇〇七年）、『フッサール　起源への哲学』（講談社　二〇〇二年）などがある。本文は『知ること、黙すること、遣り過ごすこと　存在と愛の哲学』（講談社　二〇〇九年）によった。

1 蠟梅　高さ二〜三メートルの、ロウバイ科の落葉低木。一月から二月にかけて、つやのあるにぶい黄色で、香りのよい花をつける。

ゆく上ではないと思われる。現に私たちの遠い祖先は、いまだ言葉をもっていなかった可能性が高いのである。

③❶それにもかかわらず私たちの下にはすでに言葉が、すなわち世界の「言分け」が紛れもなく成立しているのであれば、それはいったいどのような事情の下で可能となったかについては、それなりの独立した考察が必要だろう。さしあたりいまここで明らかにしておきたいのは、世界が「現象」するにあたって不可欠の分節化の機能を果たしている二つの秩序、すなわち「身分け」と「言分け」の関係はどのようになっているのかである。

④私たちの下では世界の知覚的分節化（「身分け」）には、すでに言語的分節化（「言分け」）が関与している。この関与の仕方は、すでに知覚的に分節化されたものに単に言葉が割り当てられるといった単純なものではない。もし言葉が、すでに身体によって分節化されたものに単に割り当てられるだけなのであれば、少なくとも世界の「現象」の仕方に関しては言葉は二次的なもの、何ら本質的な役割を演じていないものにとどまるだろう。その場合には言葉は、いったんすでに「現象」したものを、たとえば他人に伝達するといった（「現象すること」とは）別の目的・用途をその本来の機能としてもっていることになろう。もちろん言葉のもつこうした側面を無視することはできない。だが、こうした別の側面にもかかわらず言葉は、そもそも何ものかが「現象する」ことにとってすでに決定的に

2 **ラガー・ビール** 貯蔵工程で熟成させたビールをさす。［ドイツ語］Lager Bier

❶「それ」とは何をさすか。

関与してしまっている。すでに身体的に分節化されているものに、言葉が後からあてがわれるわけではないのだ。

⑤よく知られている例として、虹の色を挙げてみよう。虹自体は光の連続的スペクトル[3]だから、そこにはある色と別の色とを区別する境界線などどこにも存在しない。にもかかわらず私たちはそこに何色かの色を見て取るのだが、それが幾つの色であるかは、それを見る人が属する言語体系に依存している可能性が高いのだ。私たち日本人は、物心ついたときから虹は七色だと教えられ、現に虹を見ればそこに七つの色を識別できるのだが、欧米人にとっては虹は五色だというのである。欧米人の誰もそれに異議を唱えた様子はないから、きっと彼らは虹を見たときそこに五つの色を見て満足（？）しているのだろう。

⑥さらには、雪国の人々がさまざまな雪の降り方に対してもっている豊富な語彙（「つぶ雪」、「わた雪」、「ざらめ雪」、……）や、イヌイット[4]の人々がもつ白色の微妙なヴァリエーション[5]についての豊かな言葉を引き合いに出すこともできよう。私のように雪国育ちでない人間には、せいぜい雪粒の細かいものと大きいものの区別ぐらいしか目に入らなかった（＝見えなかった）のに、それらの豊富な語彙を教えられて習得すると、現にそれらを区別して見て取ることができるようになるのだ。

⑦このように見てくると、言葉は決して知覚的・身体的分節化にそれをなぞるよ

3 **スペクトル**　光線などを分光器で波調の順に分解したもの。［フランス語］spectre

4 **イヌイット**　アラスカ・カナダやグリーンランドなどの厳寒地帯に居住し、主として狩猟や漁労で生活する民族。「イヌイット」（Innuit）は彼らの言語で「人間」を意味する。

5 **ヴァリエーション**　変化。変種。違い。［英語］variation

うな仕方で後から付け加わるのではなく、「身分け」そのものの中に深く浸透していることが明らかになる。「言分け」は「身分け」に明確な・くっきりとした輪郭を与えると言ってもよい。おそらく身体的な必要に応じて、つまりは生存の維持に必要なかぎりで極めて大雑把に分節化され、そしてそれで充分だった「身分け」による世界の「現象すること」に、「言分け」はさらなる微細な分節化を持ち込み、この分節化によって明確な輪郭をそなえた各々の「現象するもの」たちは、いまやはっきりと「意識」され、「認識」されるにいたる。たとえば、これまでひとしなみに、十把からげてひとまとまりにしか見えていなかった路傍の草たちや森の木々が、草や木の名前を覚えることで急に生き生きと見えてくるといった経験をもつ人も多いのではないか。「言分け」によって、いわば[2]世界の解像度が飛躍的に高まるのだ。

8 もちろん、そうは言っても、何もないところで言葉がすべてを産み出すわけではないこともまた確かである。「言分け」はたしかに「身分け」を基盤にもち、「身分け」をみずからの不可欠の分身としている。「言分け」は、[3]それだけで宙に浮いているわけではないのだ。「身分け」と「言分け」のこのような関係を、いったいどのように捉えたらよいだろうか。ここには、かつてフッサール[6]が「基づけ」（正確には「一方的基づけ」）と呼んだ関係が成り立っているように思われる。これは、A、B二つの秩序があった場合に、一方（B）はみずからの存立のため

2 「世界の解像度が飛躍的に高まる」とはどのようなことか。

3 「それだけで宙に浮いている」とはどのようなことか。

6 **フッサール** Edmund Gustar Albrecht Husserl 一八五九―一九三八年。ドイツの哲学者。意識に直接与えられる現象を記述・分析する「現象学」の創始者。ハイデッガー、サルトル、メルロ＝ポンティなどの現代哲学者に大きな影響を及ぼした。

に他方（A）による支えを必要とするが、ひとたびその支えのもとに一方（B）が存立すると、それ（B）はみずからを支えている他方（A）を自身の内に包摂し・統御する、という関係である。このとき、AはBを「基づけ」ている、あるいはBはAに「基づけ」られている、と言う。したがってここでは両者の間に、決して逆転することのない（一方向的な）上下関係（階層秩序《ハイアラーキー》）[7]が成り立っている。すなわち、BはAなしには存立しえないが、AはBなしでも存立しうるのである。つまり、AはBの下にあり、BはAの上にある。

[9] これを「身分け」と「言分け」に適用すれば、次のようになる。「言分け」は、それが存立するために「身分け」を必要とする（すなわち、身体的基盤のないところに言葉の成立する余地はない）が、ひとたび「身分け」に支えられて「言分け」が存立すると、「言分け」はみずからを支えている「身分け」をおのれの内に包摂し・統御する。このとき、「言分け」は「身分け」に「基づけ」られている、あるいは「身分け」は「言分け」を「基づけ」ているのである。

[10] 「言分け」が「身分け」をみずからの内に包摂し・統御するとは、具体的には、「言分け」による「現象」の分節化が「身分け」の内に浸透し、先にも一例として挙げたように、雪の多様な形状を表す言葉を習得することで実際にそれらを見分けることができるようになる、といった事態のことである。すでに「言分け」による世界の分節化が存立している私たちの下では、「身分け」の内にも深く

7 階層秩序 階層構造。ヒエラルキー。［英語］hierarchy（「ハイアラーキー」は［ドイツ語］Hierarchie の英語読み。）

「言分け」が浸透し、すべての「現象」は言葉によって統べられているのである。私たちの下では、「現象」するすべて（すなわち、世界）に言語があまねく染み渡っており、「身分け」をはじめとする他のすべての「現象」形態は、いわば言葉を透かして見て取られるのだ。

理解

1 「身分け」「言分け」とは何か、それぞれ分かりやすく説明しなさい。

2 「身分け」と「言分け」の関係を一五〇字以内で整理しなさい。

表現

1 「言分け」は私たちの「認識」に微細な分節化を持ち込むものであるが、任意の言葉を選び、複数の言葉で「言分け」してみよう。

名づけえぬもの

前田《まえだ》　愛《あい》

① ふと顔をあげて夜更けの窓ごしに庭を眺めやると、風にざわめく一本の樹が暗がりのなかに見えてくる。だれもが出会ったことがあるはずのこのありふれた風景をある詩人はこううたっている。

② 風吹いてゐる
木立つてゐる
ああ　こんな夜　立つてゐるのね　木
…………

（1吉原幸子《よしはらさちこ》「無題《ナンセンス》」の冒頭）

③ この樹は、楡《にれ》の樹だろうか。それとも糸杉だろうか。おそらくそんな詮索は、詩人にとってどうでもいいことだったにちがいない。風に吹きたわめられながらも、シッカリと地中に根を下している一本の樹。その精いっぱい何かに堪えている風情が詩人の心をゆりうごかしたのだ。そういえば、この地上の世界で樹木のように直立をゆるされている生きものは、私たち人間だけではないか。

④ 私たちは窓の外に立っている樹を一枚の絵として眺めることができる。樹は澄

前田　愛　一九三一―八七年。国文学者。神奈川県生まれ。テクスト論・記号論を用いて、作品研究に新局面を開いた。主な著作に『近代日本の文学空間　歴史・ことば・状況』（平凡社　二〇〇四年）、『文学テクスト入門』（ちくま学芸文庫　一九九三年）などがある。本文は「前田愛著作集」第二巻（筑摩書房　一九八九年）によった。

1 吉原幸子　一九三二―二〇〇二年。詩人。詩集に『幼年連《れん》祷《とう》』（思潮社　一九六五年）、『オンディーヌ』（思潮社　一九七二年）などがある。

みきった青空を地にしてこんもりとした葉群を盛りあがらせているだろうし、節くれだった幹はいかにもたのもしげな表情を見せているだろう。あるいは、その枝ぶりや葉のかたちから、記憶のなかに蓄えられた樹の種類を思いだし、今は見ることができない花の姿を心のなかに描きだすかもしれない。しかし、この詩人は一枚の絵として見るよりも、記憶のなかに植物学の知識をさぐるよりも、まず風に吹かれている一本の樹に呼びかけてしまったのだ。呼びかけることによって自分と自分を取りまく世界をつなぎとめる目に見えない絆《きずな》をつくりだしたのだ。描きだしたり、概念をまとめたりする言葉は、呼びかける言葉におくれてやってくる。呼びかける言葉は、ごく自然に言葉の始原的な相に私たちをつれもどす。私たちは呼びかけることで、自分と自分のまわりにある世界のあいだに新しい関係をつくりだすのだ。

5 私と私をとりまく世界との関係をたえず新しく編みあげてゆく、こうした呼びかける言葉の不思議は、日常的な生活のなかではほとんど意識に上ってくることがない。そこでは、言葉は事物を説明したり、経験を要約する手段になっている。あるいは、他人との交流をなめらかにする潤滑油としてはたらく。言葉と事物、言葉と経験は、鍵と鍵穴のように一対のものとして考えられている。言葉の網の目が、事物や経験の世界をすっぽり包みこんでいる。あるいは言葉の世界が現実の世界と一対一の写像関係をもっているという暗黙の了解は、日常的な生活を構成している基本的な約束のひとつである。しかし、私たちは日常的な生活を蔽《おお》っている言葉の網の目が引き裂かれ、その裂け目の向こう側にひろがる言葉にならない領域、名づけえぬものの領域を垣間見ることがある。たとえば、旅先で出会った見知らぬ土地の風景が思いもかけぬ新鮮な輝きを帯びてあらわれるとき、その感動をいいあらわすことはたいへん難しい。日常的な生活のなかで手あかにまみれてしまった言葉とは、切りはなされた世界が私たちのまなかい[2]にひろがっている。「きれいだ」「すばらしい」——そんな切れ切れの言葉をつぶやくだけで黙りこんでしまう私たちは、そのとき、街の眺めや自然の風景に向かって、言葉にならない言葉で、そっと呼びかけているのかもしれない。

⑥あるいは外国の空港で通関手つづきをとるときのわずらわしさを考えてみてもいい。もちろん、ツアー旅行ではなく個人旅行の場合である。そこではふだん使いなれている日本の言葉はまったく通用しないから、手持ちの外国の言葉をありったけ動員して、自分の渡航の目的を説明しなければならなくなる。柵の向こう側に見えているのは、自分にとって未知の世界であり、柵のこちら側、日本語が通用していた世界とはきびしくへだてられている。質問を矢つぎ早につきつける入国管理の係官は、職務を忠実に遂行しているといえばそれまでのことだが、その制服姿が大げさにいえば冷ややかな国家の意志そのもののように見えてくる。不快な感情を誘いだされることがすくなくないこうした通関の体験が教えてくれるのは、ふだんは気にもとめない日常の言葉の意味するものが逆に問いかえされる見えない壁の存在である。

2 まなかい 目と目が交わってできる空間。目の前。眼間・目交い。

[7] 言葉にならない領域、名づけえぬものの領域が、日常生活の向こう側にひろがっていることに目をひらかれた私たちは、そこでごく自然に言葉本来の姿に引きもどされる。いいあらわすべき言葉を見出《い》だせないでいるもどかしさに耐えているとき、あるいは沈黙のなかに自分を閉ざしているとき、日常的な生活では見えていなかったもうひとつの言葉の姿が立ちあがってくる。言葉は言葉だけで切りはなせるもの、道具のように自由自在に使いこなせるものではなく、私たちの身体、ひいては私たちを取りまいている世界の事物総体のなかに深く根を下ろしていることがのみこめてくる。呼びかける言葉は、私が世界と結びつけられるしるしであると同時に、言葉が言葉ならざるものとひとつにとけあっている混沌《カオス》[3]から、**1** 言葉自体が自らを解き放つさいしょのしるしでもあるわけだ。

[8] 言葉の富を手に入れたばかりの乳児や幼い子どもたちは、言葉によって自分の要求をあらわしきれなくなったときに、思うさま泣き叫ぶことで、物わかりのわるい大人たちを説き伏せようとする。大人もまた悲しみに打ち沈んでいるときには、ものをいうかわりに涙を流すことで自分の思いをあらわす。泣き叫ぶ乳児は、身体ぜんたいで自分の怒りをうったえているわけだし、小刻みにふるえる喪服の肩の表情から、どんな言葉もいいあらわせない肉親を失った遺族の悲しみを葬儀の席につらなった人びとは読みとる。まず、身体があり、その身体を根として言葉はたちあがってくるものなのだ。

[9] もちろん、言葉には文法があり、語彙があり、音韻の規則がある。そうした体

3 **混沌** 神が天地を創造する前に世界を満たしていたとされる、不定型で明瞭な輪郭を持たない混乱。［ギリシャ語］χάος

1 「言葉自体が自らを解き放つ」とはどのようなことか。

系と約束のもとに、社会的に流通している言葉のはたらきは、人の手から手へわたされる貨幣の役割に似たところがある。しかし、社会のなかで通用している言葉のみなもとをたぐって行けば、それはかけがえのない一人の人間の身体にたどりつくのである。

[10] 先年なくなったアメリカの批評家、リチャード・ブラックマー[4]は、「身ぶりとしての言語」というエッセイのなかでこういっている。言葉は人間の身ぶりのなかにすみついている。身ぶりを切りすてれば言葉の根は断ちきられてしまうだろうし、言葉を石に変えてしまわないまでも、生気を失わせ、徐々に腐らせてゆくことになるだろう、と。

[11] 日本人は身ぶりに乏しい民族だといわれているけれども、ふだん私たちはそのことをあまり意識しない。ところが、アメリカ人やヨーロッパの人びとに接すると、かれらのジェスチャーに引っ張られるかたちで、こちらも手ぶり、身ぶりを交えて話していることにおどろかされることがある。身ぶりは会話のおまけではなく、会話ときそいあい、その内容に奥行きをもたらすもうひとつの言葉なのだ。ブラックマーによれば、こうした身ぶりの表現力は、すぐれた詩や戯曲の場合、[2]言葉のかたちそのもののなかにあらわれていることがあるという。たとえば、「生きるべきか死ぬべきか」ではじまる『ハムレット』[5]の独白はどうか。この独白では「眠ること」と「死ぬこと」という二つの言葉が交互にくりかえされる。父王の死をめぐる謎に挑んだハムレットは、叔父のクローディアスや母のガート

4 リチャード・ブラックマー Richard P. Blackmur 一九〇四－六五年。『身ぶりとしての言語』は一九六五年刊行。

2 「言葉のかたちそのもののなかにあらわれている」とはどのようなことか。

5 『ハムレット』 イギリスの劇作家ウィリアム・シェイクスピア（一五六四－一六一六年）の戯曲。デンマークの王子で、父王亡き後に母ガートルードと再婚した叔父クローディアスに王位を奪われた青年ハムレットの苦悩を描いた悲劇。

ルードにはじまって、デンマークの宮廷ぜんたいのありように疑惑を深めて行くが、じつはそうした疑惑にかりたてられる自分の身体そのものを消滅させてしまいたいという願いを心の底にわだかまらせている。「眠り」は「死」とひとつに結びついていて、すべての終りである「死」がやすらかな休息を意味しているとすれば、その一方では「眠り」のなかで夢見ることが不安なためらいを誘いだす。「眠ること」と「死ぬこと」のくりかえしは、この宙づりの状態から自分の身体を解き放とうとするハムレットのひきつった身ぶりをあらわしている。しかも、そうした身ぶりはこの独白につづくオフェリア[6]への挨拶の場面にも不吉な影を投げかける。「ごきげんいかがですの。」とたずねたオフェリアにたいして、ハムレットは、「結構、結構、結構。」(well, well, well.) というように、同じ言葉を三度もくりかえしているのである。

[12]すぐれた演劇は、私たちの身体のなかに眠っていた身ぶりの感覚を呼びおこす。訓練された俳優のセリフは、ふだん口にしている言葉がじつにまずしい表情しか持ちあわせていないことに気づかせてくれる。あるいはまた、印刷された脚本の言葉が、人間の身体をくぐりぬけることで、思いもかけない輝きを放ちはじめる不思議さを私たちは体験する。

[13]演劇の言葉はもちろん、一般に話される言葉にくらべれば、書かれた言葉、活字になった言葉は、身ぶりの要素が稀薄になっている。とりわけ、黙読の場合は、言葉のなかにこもっている身ぶり的なものはほとんど消えてしまう。活字の行を

6 オフェリア ハムレットの恋人。苦悩するハムレットの態度に傷つき、狂気に陥る。

追って視線が淀《よど》みなくすべってゆくとき、音声もまたほとんど意識されることがない。しかし、私たちは一編の詩をゆっくりと読みすすめるにしたがって、その詩独得のリズムを感得する。朗読の声がかえっていじけさせてしまうリズムの繊細さというものがたしかにある。何よりも、詩の改行や平仮名をたくさん使った表記の工夫が、読む速度を落とし、潜在的な音声を浮上させる仕掛けであることは誰でも知っている。その時、私たちは、唇やのどや声帯をかすかに動かしている。あるいはそれらの筋肉の緊張がわずかに高められる。声として発声されるまでにはいたらないし、もちろん意識されることもないが、音声の内在的なイメージが生まれるには充分な動きである。

[14] 言葉と身ぶり、言葉と身体のこうした結びつきは、あまりあたりまえすぎることなので、日常の生活では見すごされていることが多い。私たちは自分のものでありながら、そしてまさに自分のものであるゆえに、自分に与えられた身体をのこるくまなく知ることはゆるされていないのだ。それとはうらはらに、自分のものではない外界については、視覚や聴覚などの鋭敏な感覚の力をかりて、それ相応に鮮明な像をつくりだすことができる。身体の情報を伝えてくれる内臓感覚、筋肉感覚などの内なる感覚は、視覚や聴覚よりもあいまいでつかみどころのない感覚であるにちがいない。しかし、自分のものである身体が一種のブラックボックス[7]の状態に閉ざされていること、そしてまたこのブラックボックスとしての人間が絶えず明るく鮮明な外界に向けて自分を拡張してゆく欲求を持ちつづけてい

7 **ブラックボックス** どのような働きをするかはわかっていても、その内部構造や動作原理が外部からはまったくわからない機構のこと。［英語］black box

ること、それは生きている人間に負わされたもっとも基本的な条件のひとつなのである。そのかぎりで、この身体の暗がりからたちあがって、外の世界に呼びかけずにはいられない私たちの言葉のありようは、もっとも人間的なるものといわなければならないだろう。

⑮身体の暗がりからたちあがった言葉は、人間と人間、人間と世界とをひとつに結びつける見えない円環である。あるいはそうした円環のはじまりである。それは表象としての言葉、概念としての言葉であるよりも、まず呼びかける言葉であるだろう。もともと身体の暗がりのなかに包みこまれていた呼びかける言葉は、外の世界に姿をあらわすときには慎ましさと優しさをともなっている。呼びかける言葉の優しさと慎ましさは、私と私をとりまく世界を大きな編物のように編みあげて行くかくれた力である。そうした言葉の力に目をひらかれたとき、私たちは言葉が生まれでる根もとのところに立ちかえるきっかけをつかんだことになるのである。

理解

1 本文の構成について、段階的に整理してみよう。

（a）本文で挙げられている具体例を指摘しながら、形式段落①～⑮を五つの意味段落に分けなさい。

（b）どのような主張のために（a）で整理した具体例が挙げられているのか。同じ主張のために挙げられている複数の具体例をまとめて、各段落を「起・承・転・結」の四部構成にまとめ直しなさい。また、「起・承・転・結」それぞれの部分で表された筆者の主張を一文でまとめなさい。

表現

1（b）での解答を参考にしながら、「言葉の始原」（四五・9）とは何か、簡潔に説明しなさい。

第3章 情報とメディア

論点をつかむ

AIの役割は、単に人間の労働を代行し、社会の利便性を高めるだけではありません。ＡＩ開発を通じて、人間の知能に対する知見が深まり、人間の情報処理能力の隠された一面が明らかになりました（**論点❽**）。無限の可能性の中から**アフォーダンス**を絞り込むような、現段階のＡＩに困難な作業を、私たちはごく日常的に行っています。

一方で、人間がある判断の過程で情報の遮断を行うことには、物事の正確な把握と公正な判断を阻害してしまう危険性が付きまとっています。たとえば、**メディア**が情報をどう開示するかによって、受け手の印象が大きく変わるように、コンテンツの内容ではなくそのパッケージの手法が人間の選択を方向付けてしまうことがあります。こうした誘導は、認知心理学で**フレーミング効果**として知られ、マーケティングに利用されています。もちろんこれは故事成語の「朝三暮四」にも通じるくらい古くからある話ですが、**大衆**の誘導が、ＩＴという新しい技術によって加速している今、私たちには**メディアリテラシー**を身につけることが求められています。なぜなら、メディアが情報テクノロジーを通じて民意を操作できるとしたら、民主主義という社会の根幹が危うくなるからです（**論点❼**）。

また、**ジェンダー**も私たちの認知とメディアの問題として捉え直すことができるでしょう。身体上の分類である「男／女」と「少年誌／少女誌」が対応関係にあるような社会の中で、子どもたちは、メディアが視覚化する「ブルー」と「ピンク」の価値観を体得し、そして身体的な分類を絶対化するプロセスの中を生きているのです（**論点❾**）。

1・私たちを取りまく「情報」

人間はAIとはちがって環境の中の**アフォーダンス**を適切に解釈し、自らの行動を選択し決定できる。

しかし…

2・行動情報化社会と「リテラシー」

・電子メディアの発達／情報のグローバル化

「電子メディアは、世界を一つの村、ないし、部族に縮小する」（マクルーハン）

「情報発信者→受信者」という上下関係の消失

プラス面　誰でも発信できる。

マイナス面　偏った情報でも、嘘でも発信できてしまう。

例　**フィルターバブル**
フェイク・ニュース

→ **メディア／ネットリテラシー**（ネットなどのメディアを通じて適切に情報を送受信する能力）の重要性に注目が集まる

3・メディアとバイアス

・映画やマンガ、小説やアニメなどの文化的メディア

→**ジェンダー・バイアス**（押しつけられた性的イメージ／男らしさ・女らしさ）を再生産することもある

→ **LGBT、トランスジェンダーなどについての社会的偏見を是正する必要性が問われている**

覚えよう！　人物とキーワード

【マーシャル・マクルーハン】　一九一一―一九八〇年。「メディアはメッセージである」と提言したことで知られる、メディア研究の先駆者。

▼メディア　情報伝達のための媒体（テレビや新聞など）をさす。マクルーハンは電子メディアによるグローバル・ヴィレッジ（地球規模での親密な結びつき）の到来を予言した。一方で現代ではインターネットによる電子メディアが台頭し、大衆への情報流通を管理することが問題化している。

▼『グーテンベルグの銀河系』　一九六二年に発表された、マクルーハンの代表的著作。「技術は人間の身体を拡張するものである」と定義した。人類史上、印刷技術が大量の書物流通を可能にして他の感覚よりも視覚を優越させた結果、人間の思考様式に変革が起こり、科学革命や個人主義などが生み出されたと主張している。

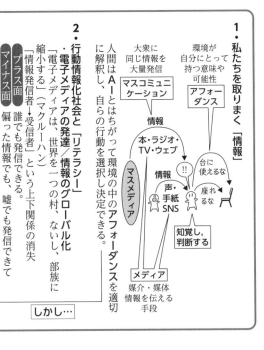

その情報はどこから?

猪谷千香《いがやちか》

[1]インターネットでは、メディア[1]が発信したニュースは一見、平等に並んでいるように見えます。なるほど、ポータルサイト[2]やSNS[3]をスマートフォンでのぞけば、多くのニュースが同じフォント[4]の見出し、同じ大きさの場所で毎日、掲載されています。

[2]しかし、その一本一本のニュースをよく見れば、伝統的な全国紙から、ゴシップ[5]記事の多いタブロイド[6]紙、不倫報道を連発する雑誌、とにかく速くて身軽なネットメディアまで、全く異なる性質のメディアのニュースがひしめき、そのニュースがどのような「背景」を持って書かれているかまではなかなか理解できません。しかし、私たちに今、求められているのは、あまりに膨大なニュースの海から、自分にとって「本当に必要な情報」をどれだけピックアップできるか、というスキルです。

[3]たとえば、大学生が企業に就職するために、希望する企業やその業界の評判、成長率などを調べようとする時、関連する記事を信頼性の高いメディアから選び、多く読み込まなければなりません。通り一遍の情報では、ライバルに勝てないで

猪谷千香
一九七一年―。ジャーナリスト。東京都生まれ。新聞記者、オンラインニュース編集者・レポーターを経て、現在は弁護士ドットコムニュース記者として活躍している。主な著作に『つながる図書館』(ちくま新書 二〇一四年)、『町の未来をこの手でつくる 紫波町オガールプロジェクト』(幻冬舎 二〇一六年)などがある。本文は『その情報はどこから?――ネット時代の情報選別力』(ちくまプリマー新書 二〇一九年)によった。

1メディア 情報伝達の仲立ちをするもの。媒体。手段。新聞、テレビ、インターネットなど。[英語] media

2ポータルサイト インターネット上のさまざまなウェブサ

しょうし、運良く就職できたとしても、業界自体が斜陽になってしまっては、元も子もないのです。

④人生で何か大事なことを考えたり、決定したりする前には、必ず❶こうした作業が発生します。まず情報を集め、取捨選択するのです。適切な武器を装備しなければ戦場で勝てないように、私たちは熟練の戦士のように武器を見抜き、選ぶ力が必要です。ネットリテラシー[7]やメディアリテラシーという言葉をよく聞きますが、大部分はこのスキルのことだと考えて良いでしょう。

⑤ところが、私たちには弱点があります。「確証バイアス[8]」と呼ばれるものです。もともとは認知心理学や社会心理学の言葉で、自分の持つ仮説や心理的情況を検証する際、その仮説を支持、肯定する情報ばかりを信じてしまうことを意味します。

⑥この「確証バイアス」は曲者《くせもの》で、ついニュースでも自分に都合の良い、耳触りの良いものばかり見てしまいがちです。

⑦[9]ハーバード大学バークマンセンター共同所長のヨハイ・ベンクラー氏や、MI[10]Tシビックメディアセンター長のイーサン・ザッカーマン氏らが、「[11]ブライトバート」という保守系インターネットメディアを分析したところ、その読者は他のメディアから隔絶した状態にありました。

⑧ブライトバートは二〇〇七年に設立され、トランプ大統領の腹心と言われて首

イトにアクセスするための入口となるサイト。「ポータル」は入口、「サイト」は敷地、の意。[英語] portal site

3 SNS インターネットを介して人と知り合ったり、交友関係を広げたりするためのサービス。代表的なものに「ツイッター（Twitter）」「フェイスブック（Facebook）」などがある。[英語] social networking service の略。

4 フォント 書籍やコンピュータ端末上に表示される文字の書体のこと。[英語] font

5 ゴシップ 有名人などのうわさ話・悪口。[英語] gossip

6 タブロイド紙 大衆紙。「タブロイド」は、もとは一般新聞の半分の大きさの新聞判型をさす名称だったが、タブロイド判を採用した新聞がゴシップ記事を中心に扱ったため、大衆紙の代名詞となった。[英語] tabloid paper

❶「こうした作業」とはどのような作業か。

席戦略官兼大統領上級顧問まで務めたスティーブン・バノン氏[12]が率いるメディアです。大統領選の時には、トランプ陣営に好意的な記事を多く発信していました。この研究では、トランプ大統領を支持する読者は、他のメディアのニュースよりもブライトバートが発信した記事を繰り返しTwitterやＳＮＳでシェアしていたことが明らかになりました。

⑨つまり、自分の好むニュースをひたすら集め、読み、ユーザー同士でシェアしあい、独自のメディア生態系を作り上げていたのです。実は、確証バイアスをさらに加速させる装置がインターネットにはあります。それが、「フィルターバブル」[13]です。

⑩この言葉を生み出したのは、アメリカの活動家、イーライ・パリサー[14]さんです。彼が二〇一一年に著した『閉じこもるインターネット』によると、ある時、[15]Facebookの自分のページから保守系の友人が消えていることに気づいたそうです。彼は保守系の人たちとは政治的な立場が違いますが、保守系の人たちの考えも知りたいと思い、わざわざ友人として登録していました。

⑪「しかし、彼らのリンク[16]がわたしのニュースフィード[17]に表示されることはなかった」とパリサーさんは書いています。なぜなのでしょう？

⑫ネットの進化してきた方向の一つが、ユーザー[18]への最適化でした。当たり前で

7 **リテラシー** 読み書きの力。また、ある分野に関する知識・能力。［英語］literacy

8 **バイアス** 偏り。［英語］bias

9 **ハーバード大学** アメリカ合衆国・マサチューセッツ州のボストン近郊に位置する総合私立大学。

10 **MIT** アメリカ合衆国・マサチューセッツ州にあるマサチューセッツ工科大学（［英語］Massachusetts Institute of Technology）の略。

11 **ブライトバート** ［英語］Breitbart News Network

12 **スティーブン・バノン** Stephen Kevin Bannon 一九五三年－。

13 **フィルターバブル** ［英語］filter bubble

14 **イーライ・パリサー** Eli Pariser 一九八〇年－。テクノロジーとメディアの民主主義的な共存を模索している。

15 **Facebook** 世界的なＳＮＳの一つ。

16 **リンク** 他のウェブサイトに

すが、私たち一人一人の好みや考え方は違います。自分の見たいと思う情報や欲しいと思う商品があるwebサイト[19]が「良いサイト」であり、当然のことながら多くのユーザー、つまりお客さんが集まってきます。

[13] ですから、webサイトはそれぞれ異なるユーザーが見たいと思う情報をユーザーに合わせて提示するようになります。これが、「パーソナライズ」[20][2]です。たとえば、街の大きな書店で本を買うのと、Amazon[21]で本を買うのとでは、同じような行為に見えて、全く異なります。大きな書店では書店のルールや判断によって本が集められ、本棚に並んでいますが、Amazonの画面でさし出される本は私が今までAmazonで購入した本の履歴を参考に、Amazonが勧める本です。

[14] このようにパーソナライズされたネット書店では、「私が読みたい本」はどんどん見つかるかもしれませんが、実は今まで知らなかった本や好みではないと思っていた本、「私が知らない本」との出会いを失っている危険性もあるのです。

[15] しかし、パーソナライズはあらゆる大きなwebサイトに採用されています。その最たる例がGoogle[22]やFacebookです。話を戻すと、パリサーさんのFacebook上から保守系の友人たちが消えたのは、彼が保守系の友人がシェア[23]してきた情報をクリックするよりも、自分に近い考えの友人がシェアしてきた情報をクリックすることが多かったことを、Facebookが把握しているからだろうと推察します。

移動するためのアドレスをページ上に埋めこむこと。［英語］link

17 **ニュースフィード** ニュースを所定の形式で配信する仕組み、また、その仕組みを通じて配信されるニュース。［英語］newsfeed

18 **ユーザー** 利用者。［英語］user

19 **webサイト** インターネット上で、さまざまな情報を提供するページやその集合。ホームページ。

20 **パーソナライズ** ［英語］personalize

2 「パーソナライズ」がもたらす問題点を二つ、本文を参考に指摘しなさい。

21 **Amazon** 世界的な大手オンライン通販サイト。

22 **Google** ネット上で情報を探すための検索エンジン、およびそれを運営する企業。

23 **シェア** 分かち合うこと。［英語］share

16 ほとんどの人が気づかないうちに、情報の取捨選択を勝手にされてしまっているというわけです。これを、パリサーさんは「フィルターバブル」と名付けました。今やネットではパーソナライズされたフィルターが仕掛けられ、私たちはバブル（泡）に包まれているかのように、自分が見たいと思う情報だけに囲まれた「情報宇宙」に包まれることになる、と指摘します。

17 ネットで何か検索したり、ニュースを読んだりするだけでも、私たちの周りにはそれぞれ目に見えないフィルターバブルがあるのだと、まず知ることがとても大事なのです。

理解

1 「膨大なニュースの海から、自分にとって『本当に必要な情報』をどれだけピックアップできるか、というスキル」（五四・9）を身につける上で問題となるのはどのようなことか、説明しなさい。

2 実際にパーソナライズされた情報の偏りについて、自分のスマートフォンやパーソナルコンピュータから得られる情報を振り返りながら説明しなさい。

表現

1 「パーソナライズ」（五七・5）の問題点について、さまざまな角度から意見を出し、話し合ってみよう。

人工知能の歩き方

三《み》宅《やけ》陽《よう》一《いち》郎《ろう》・山《やま》本《もと》貴《たか》光《みつ》

[1] 動物は種を問わずみんな、環境の中で自分がどんな行動をできるかを認識する能力があります。例えば、ネコなら高い場所に跳び上れるかとか、クモなら糸で巣を張れるかといったことを認識できます。なにをどう認識できるかは、その動物の体に備わった能力によって違います。

[2] そうした動物の性質を研究する学問に心理学や認知科学があります。心理学はその名の通り、人間を中心として動物の心の性質、心がどんな理《ことわり》で働いているかを探究する学問です。認知科学は、心理学と似た関心を持っていますが、なかでも「認知（cognition）」に注目します。つまり、人間や動物が自分の身体の状態や外界の環境を知覚したり、そこに何かを認識したりする働きに注意を向ける学問です。

[3] なかでも「生態学的心理学」と呼ばれる分野は、動物が環境をどう知覚するかを探究する学問です。「生態学的」というのは、「エコロジカル（ecological）」の訳語です。エコロジーとは、ある生物が周囲の環境との間でどんな関係をもっているかを考えるという意味です。

三宅陽一郎
一九七五年―。ゲームAI開発者。ゲームにおける人工知能の開発・研究を専門とし、現在はスクウェア・エニックスにてテクノロジー推進部リードAIリサーチャーを勤めている。主な著作に『なぜ人工知能は人と会話ができるのか』（マイナビ出版　二〇一七年）などがある。

山本貴光
一九七一年―。ゲーム作家、文筆家。コーエーにて企画／プログラム部門に従事した後、現在はゲームデザインのほか、脳

④この生態学的心理学の中核に「アフォーダンス」という概念があります。英語でaffordanceと書きます。「アフォード（afford)」という動詞に由来します。これは、おおまかに言うと「なにかができる。」という意味です。認知科学で「アフォーダンス」という場合、ある生物にとって「環境が自分にとって持つ価値」を意味します。「価値」という言葉がちょっと分かりづらいかもしれません。言い換えると、ある生物にとって「その環境にはどんな行動の可能性があるか」となります。要するに、ある環境のなかで、その生物はなにができそうかというわけですね。

⑤例えば、人間の「歩く」という行動について考えてみましょう。足に怪我《けが》などをしていなくて歩ける状態のとき、舗装《ほそう》されて平らな道路であれば「歩ける」と感じられます。いえ、実際にはあまりにも歩くことに慣れてしまっているために、普段歩いているときにはいちいち「ここは歩けるな。」と意識していないかもしれません。でも、なにも考えずに歩けるような状況ではない場合はどうでしょうか。例えば、道いっぱいに水たまりがあるとします。これだけなら靴が濡《ぬ》れるのを我慢すれば歩けると思うかもしれません。でも、さらに水たまりがぼこぼこと泡を吹きあげていたらどうでしょうか。どうも道に穴でも開いていて、水が噴き出していると感じて、足を踏み入れられないと感じるかもしれません。

⑥先ほどのアフォーダンスという概念を使って言い直してみましょう。「歩く」

と心の問題や人工知能論・文学論など幅広く発信している。主な著作に『心脳問題――「脳の世紀」を生き抜く』（吉川浩満《よしかわひろみつ》との共著、朝日出版社　二〇〇四年）などがある。本文は三宅・山本の共著『高校生のためのゲームで考える人工知能』（ちくまプリマー新書　二〇一八年）によった。

という行為に対して、環境が持つアフォーダンスは「ここは歩けますよ！」という情報として感知されるわけです。動物は、変化する環境のなかで、周りにあるものや状況から、「なになにができる。」という情報を感知しています。これをまとめてアフォーダンスと呼んでいるのでした。

[7] こうした人間や動物が備えている能力をロボットや人工知能に与えるのはなかなか難しいことです。ロボットや人工知能をつくる場合、基本的にはなんらかの設計をします。つまり、「こういう場合はこう動け。」という命令や、それを実行できる仕組みを組み合わせてつくります。しかし、この方法ではどんな状況でも柔軟に対応できるロボットや人工知能をつくるのは難しいのですね。

[8] では、人間や動物のように主観的に環境を認知したり利用したりする人工知能はつくれないのでしょうか。

[9] 動物のようにするのは無理だとして、違う角度から考えてみましょう。動物のやり方をそのまま真似《まね》するのは諦めるというか、別の方法を採ります。人工知能にとって、最も難しいのは、複雑で多様な環境からアフォーダンスを感じとることです。歩行でいえば、「ここは歩けそうか」と判断するのが難しいのです。逆に、そうしたことを難なくこなしている人間には、どうして難しいのかが分かり[■1]づらいかもしれません。

[10] そこで、キャラクター[1]に対して、アフォーダンスに相当するデータを人間が用

■1 「分かりづらい」のはなぜか。

1 **キャラクター**　ここは、ビデオゲーム内の登場人物のこと。［英語］character

意して与えるというやり方を考えてみます。ちょっと（いや、だいぶ）ズルです[2]が、ここではまずつくり進めてゆくことを考えましょう。

11 例えば、キャラクターがある場所にいるとします。そうですね、建物がたくさんある街の中だとしましょうか。私たち人間なら、街中を歩くとき、電柱や看板、建物にぶつかったり、蓋の開いたマンホールに落ちたりせず、歩ける場所を（それと意識せずに）見つけて歩いてゆけます。もちろんよそ見をしたり、手元のスマートフォンを見ながら歩いたりすれば、あちこちぶつかったり、穴に落ちたりする可能性もありますが。

12 しかしキャラクターはそういうわけにいきません。ゲームの世界に登場するキャラクターは、作者であるあなたが与えたものしか備えていません。なにもしなくても自動的にいろいろ判断したりはしないわけですね。いまの場合で言えば、そのままでは、どこを歩けるのかを自分で判断できません。

13 こんな例で考えてみましょうか。例えば、紙の上にこんなふうになにかが見えます（図1）。

14 この図を見て「おや」と意味が分かった人は、この図形のようなものが文字であること、また、それが古代の[2]楔形《くさびがた》文字であることをすでに知っている人です。でも、これがなんだか分からない人にとっては、意味不明の図に過ぎません。「うーん、文字かもしれない。」ぐらいまでは想像がつくとしても、なんだか分か

[2] 「ズル」なのはなぜか。

2 **楔形文字** 古代メソポタミアで使用された文字。粘土板に刻まれた楔様の文字で、シュメール人によって発明された。メソポタミアは西アジアのチグリス川とユーフラテス川の流域地方で、紀元前三〇〇〇年頃に勃興し、前四〇〇年頃にアレクサンドロス大王三世に滅ぼされるまで栄えた、世界四大文明の一つ。

りません。

[15]キャラクターが、なにか眼の前の空間を画像として見ているとしても、その意味が分からない状態もこんな感じです。見てはいてもなんなのかを認知できない状態です。ついでに言えば、この図を見て、「読める、読めるぞ！」となった人は、楔形文字で表されているのがアッカド語[3]で、「ギルガメシュ叙事詩」[4]であることが分かるでしょう。

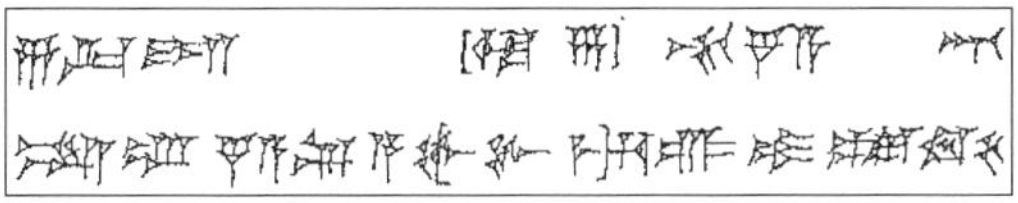
図1　図形？　文字？

[16]ということは、アッカド語を勉強して文字や単語や文法を記憶すれば、さっきの図を文字として、叙事詩として読めるようになるはずですね。同じようにキャラクターにも、いろいろ教えて記憶させれば、眼《め》に見えている画像を空間として認識できるんじゃないか、と思うかもしれません。

[17]鋭い。[3]正解！　と言いたいところですが、実はそのやり方ではうまくいきません。そこには「フレーム問題」と呼ばれる人工知能で古くから知られている問題が壁として立ちはだかっています。ごくかいつまんで言うと、人工知能に「これはテーブル」「これは鉄柱」と知識を与えるだけでは、うまく状況を判断できないという指摘があります。なぜかというと、環境のなかにアフォーダンスや意味を見つけ出すためには、ものを認知する枠組み（フレーム）が重要に

3 **アッカド語**　古代メソポタミアで用いられた言語。
4 **「ギルガメシュ叙事詩」**　古代メソポタミアの英雄ギルガメシュの物語を語る叙事詩。「叙事詩」は、伝説的な英雄を題材にした壮大な物語のこと。

3　「正解！」とあるが、それはどのようなことか。

なるからです。どういうことか、具体的に説明してみます。

[18] 例えば、私たちなら、外を歩いていて疲れたときに「座りたいなあ。」と思ったら、その辺に座れる場所をぱっと見つけられますよね。本当は座るためのものではないゴミ箱とか柵とか縁石にひょいっと座れます。これはつまり、本来必ずしも座るために用意されたものではない環境のなかに「座れる」というアフォーダンスを見出《い》だしているわけです。

[19] しかし、人工知能にこれをやらせようと思ったら、そもそも「座れる」とはどういうことかを教える必要があります。これは一見簡単に見えます。でも、私たちが座る場合、じつにさまざまな状況で、じつにさまざまな姿勢をとりますね。じゃあ、どんな姿勢で座ればよいのか。仮に目の前に座れそうな場所をいくつか見つけられたとして、一体どれに座ればいいのか。その場所に他の人がすでに座っていたとしても、人工知能としてはその人の膝も座れる場所かもしれず、座ってしまってよいのか。駄目だとしたら、どんな場合は座れそうでも座ってはいけないのか……。

[20] こんな具合に、物事はいろいろ関係しあっていて、考えなければならないことが山のように出てきます。でも人間なら、いろいろあるところをぱっと判断して座る場所を選べます。お花見でよさそうな場所がたくさんあって迷ったりするこ

とはあるでしょうけれど。人間は複雑な状況でも、そこからぱっとなにかを選ぶとき、[4]なんらかの枠組みをつくっているわけです。そして、その枠組みに関係ないものを無視できます。すでに人が座っているところは論外だし、座ったらおしりが汚れそうなのもいや。友達が来るまで少し時間があるから、なるべく楽に座れそうで、できれば人通りがあまりないといいな。というので、「あ、あそこ」と選びます。それ以外にも本当は考え始めたらいくらでも検討事項があるかもしれないのですが、適当なところで選んでしまえる。これが人工知能にとってはじつに難しいのです。人工知能にいろいろな知識を教えることはできても、判断しなければならない材料をどう解釈すればよいかという枠組《フレーム》みを適切に処理できないからです。これをフレーム問題といいます。

[21] つまり、このフレーム問題をうまく解決できない限りは、人工知能に人間と同じようなやり方で物事を判断させるのは難しいわけです。

4 「なんらかの枠組みをつくっている」とはどのようなことか。その説明となっている箇所を前の部分から抜き出しなさい。

理解

1 アフォーダンスとはどのようなものか。筆者の説明している部分をすべて抜き出し、それぞれ答えとして適切な形に整えなさい。

2 なぜ「人間や動物が備えている能力をロボットや人工知能に与えるのはなかなか難しい」（六一・5）のか、説明しなさい。

表現

1 「動物（人間）の知能」と「人工知能」の特徴をそれぞれ本文から抜き出して整理し、一文で表現しなさい。

ピンクという固定観念

加藤秀一《かとうしゅういち》

[1]家族や保育園といった身近な範囲を超えて、子どもたちに広い世の中における[1]ジェンダーの世界を最初に垣間見せる[2]メディアは、テレビの子ども向け娯楽番組でしょう。日本のテレビ草創期にあたる一九五〇年代から九〇年代までの子ども向け特撮番組およびアニメを網羅的に分析した評論家の[3]斎藤美奈子《さいとうみなこ》は、そこに「男の子の国」と「女の子の国」というまったく異なる二つの世界があることを明らかにしています（『紅一点論』）。

[2]「男の子の国」を代表する番組は、かっこいい正義の味方のヒーローが敵と戦う「変身ヒーローもの」です。[4]『ウルトラ』シリーズや[5]『マジンガーZ』、あるいは[6]『ゴレンジャー』から始まる戦隊ものなど、設定にバリエーションはあれど、基本的な物語構造は共通で、古くは[7]ヤマトタケルの神話や昔話の桃太郎や一寸法師などにも共通する「英雄譚」の流れに位置づけられるものです。このことから、現代の男の子向け番組が伝統的な男らしさのイメージを反復していることがわかります。ただし戦いに使われる武器・兵器は、最先端の科学の成果ではありますが。

加藤秀一
一九六三年─。社会学者。東京都生まれ。セクシュアリティや性差のあり方、生命倫理の問題などを幅広く考究している。主な著作に『性現象論──差異とセクシュアリティの社会学』（勁草書房　一九九八年）などがある。本文は『はじめてのジェンダー論』（有斐閣《ゆうひかく》　二〇一七年）によった。

1 **ジェンダー**　文化的・社会的な側面から見た男女の差異。生物学的な性差を表すsex［英語］とは区別される。［英語］gender

2 **メディア**　五四ページ参照。

3 **斎藤美奈子**　一九五六年─。『紅一点論』は一九九八年刊。

4 **『ウルトラ』シリーズ**　一九六六年放送開始の特撮テレビ

③一方、「女の子の国」の代表は、魔法を使える少女のヒロインが活躍する「魔法少女もの」です。物語の骨格としては、逆境に置かれたお姫様が王子様にめぐりあい、試練を超えて結婚にこぎ着けるという「お姫様もの」が主流で、最も有名なのはもちろんシンデレラの物語でしょう。ただし一九九〇年代に大ヒットしたアニメ『美少女戦士セーラームーン』[8]以降のヒロインたちはもはやシンデレラのように受け身ではなく自ら敵と戦います。むしろ、科学技術で武装した「男の子の国」の住人との違いは、非科学的な魔法を駆使することでしょう。そのため、血が飛び散ったり怪獣の身体が爆発したりする男の子向け特撮ものに比べると、戦いといっても生々しさは抑えられています。さらに、恋愛の要素が必ず入っているのも「女の子の国」ならではの特徴です。

④こうした番組とは違い、『ドラえもん』[9]や『サザエさん』[10]といったいわゆる「お茶の間」アニメは男女どちらかだけの国を描いているわけではありませんが、日常的な世界を舞台にしているだけに、そこで描かれる男女間の関係性も現実世界のジェンダー構造をそのまま反復している面が目立ちます。『ドラえもん』の主人公のび太の家庭は核家族で、父親は手堅いサラリーマン、母親は専業主婦をしています。唯一の女性メインキャラのしずかちゃんがやたらとお風呂を覗《のぞ》かれることは有名で、斎藤に倣って「セクハラ天国」と言わざるをえません。これらはまさに現実世界の基本的なジェンダーおよびセクシュアリティのありさまその

シリーズ。宇宙からやってきた超人「ウルトラマン」が、地球の平和を守るために戦う。

5 **『マジンガーZ』** 永井豪（一九四五年―）の同名漫画が原作のアニメ作品。主人公が巨大ロボット「マジンガーZ」を操り、悪の組織と戦う。

6 **『ゴレンジャー』** 『秘密戦隊ゴレンジャー』。一九七五年から一九七七年まで放送された、特撮テレビドラマ。五人の変身ヒーローが平和のために戦う。後の「スーパー戦隊」ものの基礎を築いた。

7 **ヤマトタケル** 日本武尊《やまとたけるのみこと》（倭建命）。古代日本において朝廷の敵を討ち滅ぼした伝説が『古事記』などに語られている。

8 **『美少女戦士セーラームーン』** 武内直子《たけうちなおこ》（一九六七年―）の同名漫画が原作のアニメ作品。

9 **『ドラえもん』** 藤子《ふじこ》・F・不《ふ》二《じ》雄《お》（一九三三―一九六年）の同名漫画が原作のアニメ作品。

10 **『サザエさん』** 長谷川町子《はせがわまちこ》（一九二〇―一九二年）の同名漫画が原作のアニメ作品。

ものでしょう。一方、理想の家族像と評されることも多い『サザエさん』も、三世代同居で性別役割分業体制（サザエもフネも専業主婦で、会社勤めらしい波平やマスオはめったに家事をやりません）という点で保守的な家族のイメージそのままです。実は原作では、サザエさんが結婚前には雑誌記者としてバリバリ仕事をしていたり、結婚後もウーマンリブ[11]の集会らしき場所に出かけて壇上から演説していたりするのですが、そうした楽しく刺激的な面はテレビアニメではほとんど[1]脱色されてしまっているのが残念です。

⑤以上のように、子ども向けの娯楽番組、とりわけ特撮やアニメ番組は、そもそもテーマや設定によって女の子向け／男の子向けをはっきり区別していることが多く、またその登場人物たちのキャラクターやお互いの関係性にも現実社会のジェンダー意識が反映されています。子どもたちは、こうした世界の架空のお話に夢中になりながら、いつのまにか現実世界のジェンダーを教えられていくことになるのです。

⑥とはいえ、子どもたちは番組に描かれるジェンダー規範をそのまま単純に内面化するわけではありません。画面に映し出されたジェンダー・ステレオタイプ[12]に対して、自分（たち）なりの解釈を行い、独自の〈意味〉を見出《い》だしていくのです。この点に関して、日本の「魔法少女」アニメに対する女の子たちの受け止め方を調査した[13]須《す》川《がわ》亜《あ》紀《き》子《こ》は一つの興味深いエピソードを紹介しています。母性や

11 **ウーマンリブ**　ウィメンズ・リベレーション（［英語］women's liberation）の略。一九六〇年代後半、アメリカ合衆国を中心に広がった女性解放運動。

1 「脱色されて」いるとはどのようなことか。

12 **ステレオタイプ**　定型化された表現。［英語］stereotype

13 **須川亜紀子**　日本の文化研究者。アニメやマンガにおける女性（少女）の表象のあり方を論じている。

ジェンダー役割を明らかに肯定的に描いたアニメを愛好する女の子たちを観察したところ、そこに出てくる赤ちゃんを「かわいい！」と言いながら、ままごと遊びをするときには誰もが子ども役をやりたがり、そうでなければ父親役が人気で、母親役をやりたがる子は[2]一人もいなかったというのです（『少女と魔法』）。彼女たちは子どもなりに、メディアによって賛美されるものと現実の厳しさとの違いを認識しているのではないでしょうか。

7 また、一つの作品にはさまざまな面があり、必ずしも一つのジェンダー観だけでレッテル[14]を貼ることはできません。たとえば『ドラえもん』なら、のび太の趣味が「あやとり」という女の子っぽいものだったり、運動も勉強もダメなのび太が「他人の気持ちがわかる優しい青年」として評価されるなど、一般的な男らしさの観念に反する要素も見て取れます。日本の「魔法少女」アニメが世界中の女の子たちの心をつかんだ最大の理由は、何より女の子が主体的に決断し、戦うということだったはずです。セーラー戦士にせよ宮崎アニメ[15]のヒロインたちにせよ、かつてのディズニー・アニメ[16]のお姫様たちのように無力な受け身の存在ではなく、男に助けられるどころか、むしろ助ける存在として描かれています。そうした新たな少女像・少年像を体験した子どもたちは、前の世代よりも、ジェンダーへのとらわれからちょっぴり自由になれているかもしれません。

[2] 「一人もいなかった」のはなぜだと考えられるか。

14 **レッテル**　商品名や発売元などを表示して商品にはりつける紙の札。転じて、ある物事や人物に対して押しつけられる一面的な評価のこと。［オランダ語］letter

15 **宮崎アニメ**　日本の映画制作者・アニメーション作家の宮崎駿《みやざきはやお》（一九四一年—）の製作したアニメ作品のこと。

16 **ディズニー・アニメ**　アメリカの映画制作者・アニメーション作家のウォルト・ディズニー（Walt Disney　一九〇一—六六年）が製作した作品、また彼が設立したウォルト・ディズニー・カンパニー製作の作品のこと。

戦[8]う女性といえば、現在に至るまで続く「スーパー戦隊」シリーズの出発点となった『秘密戦隊ゴレンジャー』（一九七五年）のモモレンジャー[17]を忘れることはできません。男性四人とともに女性が敵とバトルを繰り広げるという設定は画期的で、これまでさまざまな角度から論じられていますが、ここではピンクという「色」に注目してみたいと思います。

女[9]の子と言えばピンクというこの固定観念は日本だけの傾向ではありません。神経科学者リーズ・エリオット[18]の著作『女の子脳 男の子脳』の原題は *"Pink Brain, Blue Brain"* です。アメリカ合衆国でも、女の子を象徴する色はピンクであり、男の子を象徴する色はブルーという〈分類〉が常識になっているのです。ベビー服を選ぶとき、女の子向けにはピンクを、男の子向けにはブルーやその他の色を何となく買ってしまうという人は多いのではないでしょうか。

テ[10]レビと並んで子どもたちを夢中にさせるマンガ（コミック）の世界が「少年マンガ／少女マンガ」という強固なジェンダーの枠組みを備えていることはみなさんもご存じだと思いますが、それらの表紙やウェブサイトを見ると、絵柄やストーリーの違い以前にまず色づかいの観点から一目瞭然たる違いがあることがわかります。たとえば、二〇一六年一二月現在、少女マンガ誌でダントツ一位の発行部数（五〇万部前後）を誇る小学館の月刊誌『ちゃお』[19]のウェブサイトを訪問すると、ショッキングピンクに星（☆）の模様がちりばめられた背景が目に飛び

17 **モモレンジャー** 『秘密戦隊ゴレンジャー』で、ゴレンジャー五名の内の唯一の女性隊員・ペギー松山が変身する、ピンク色のコスチュームの戦士。

18 **リーズ・エリオット** Lise Eliot アメリカの神経科学者。『女の子脳 男の子脳』は二〇一〇年刊。

19 **『ちゃお』** 日本の月間少女漫画雑誌。一九七七年創刊。

込んできます。雑誌本体の表紙も、赤をベースにエメラルドグリーンとピンクが乱舞する、なんともキラキラした色使いです。『ちゃお』は比較的低年齢の読者をターゲットにした雑誌ですが、もう少し高学年向けの『なかよし』[20]（講談社）や『りぼん』[21]（集英社）のサイトや表紙も、色合いに多少の違いはあっても、ピンクの印象が強いデザインになっています。

[11] 色の好みにはある程度の生得的な要因があるのかもしれません。しかし、だからといって生まれつきの性別ごとに好きな色が決まっているわけでもありません。男女ともに年齢によって好きな色は変化していくし、実はアンケート調査を見ると、ピンクは女性たちの嫌いな色としても上位に位置しているのです。最近では「女ならピンクでしょ」という決めつけに対する反発が着実に拡《ひろ》がり、「ダサピンク」というキビシイ言葉も生まれています。

[12] もちろん、ピンクという色そのものには何の罪もありません。問題なのは、それが女らしい色とされ、一人ひとりの趣味や個性を無視して女性たち全体に押しつけられること、そして反対に男性からは遠ざけられることにあるのです。「ピンクの支配」とは、単なる色の好き嫌いの問題ではなく、ジェンダーのステレオタイプの一部であり、かつ、その象徴なのです。

[13] 世間的に女性らしい仕事とされる職業は、「ブルーカラー」[22]「ホワイトカラー」[23]に対して「ピンクカラー」と呼ばれます。典型的なピンクカラーの職業としては、

20 **『なかよし』** 日本の月間少女漫画雑誌。一九五四年創刊。

21 **『りぼん』** 日本の月間少女漫画雑誌。一九五五年創刊。

22 **ブルーカラー** 製造業などの現場で、直接生産工程に従事する作業労働者一般をさす。肉体労働者の制服・作業服の襟《えり》の色が青色だったことに由来するとされる。「カラー」は、襟。［英語］blue collar

23 **ホワイトカラー** 現場の労働者をさす「ブルーカラー」に対し、事務・企画・営業などのオフィスワーカー一般をさす。Yシャツの白い襟に由来する。［英語］white collar

花屋、パン屋などの小売店の店員やウェイトレス、キャビンアテンダント[24]などのサービス系、看護師、介護士、保育士、幼稚園教諭などのケアワーク系、美容師、ヘアメイク、ネイリストなどの美容系、一般事務、受付、秘書などのアシスタント系が挙げられます。小学生までの児童が答える「大人になったらなりたいもの」のアンケート結果を見れば、見事にこのような「大人」の世界の現実を反映していることがおわかりでしょう。そこでは不動の第一位である「食べ物屋さん」以下、「保育園・幼稚園の先生」「看護師さん」というサービス系、ケアワーク系が上位を占めるのです（第一生命保険　第27回「大人になったらなりたいもの」アンケート調査。ちなみに男子の上位は「サッカー選手」「野球選手」「警察官・刑事」）。

[14]右のリストからも、子どもたちのなりたい職業の幅がジェンダーによって枠づけられていることがうかがえます。女の子がスポーツ選手になりたいと思えないのは、男の子にとってのサッカーや野球のように、多くの人の注目を集め、成功すれば高収入を得られるスポーツが女性にはあまり開かれていないからでしょうか。男の子では第八位の「学者・博士」が女の子では上位に入っていないのは、学問を探究するというイメージが女性らしくないとされているからかもしれません。反対に、男の子が「看護師さん」や「デザイナー」になりたいと考えないのも、それらが男らしい職業ではないという偏見の効果ではないでしょうか。

24 **キャビンアテンダント**　航空機の客室で緊急時の誘導などの保安業務や、乗客へのサービスを行う乗務員。［和製英語］cabin attendant

性別ごとにふさわしい色があるという観念は、性別によって人生の可能性の幅を制約するジェンダー規範に通じています。好きな色・嫌いな色という、単なる生理的な感覚のように思われやすいことの背後にも、社会的なジェンダーの作用があるのです。

理解

1 「ジェンダー規範」（六八・14）とはどのようなものか、説明しなさい。

2 「ジェンダー規範」（六八・14）にはどのような問題点があるか、説明しなさい。

表現

1 本文ではピンクは「女性たちの嫌いな色」（七一・9）になっている調査が紹介されているが、私たちは社会規範に抗して「ジェンダー」に変更を加えることもある。どんな行為や表現がジェンダー規範を支え、あるいは改変しているだろうか。身近な例を探して自分の意見を四〇〇字以内でまとめてみよう。

第4章

自然と科学

論点をつかむ

かつて自然は、人間にはコントロールできないものとして、ときには神の御業《みわざ》として畏れられていました。一七世紀、ニュートンやガリレオたちが数学を用いて自然の法則を次々と発見しましたが、それも神が造った秩序を発見するためでした。しかし**デカルト**が**「心身二元論」**を唱えると、科学を使えば自然はコントロールできるものだという考え方が西洋に広がりました。神ではなく、人間のための自然。近代科学のはじまりです。そして一九世紀以後、科学は強力なテクノロジーを作り出し、医学を進歩させ、国家を発展させ、世界の姿を一変させました。

ところが二〇世紀に入ると、原子力の発見や環境破壊・遺伝子操作など、行き過ぎた科学技術が社会問題化していきます。科学と社会とのあいだに起こる問題群を、科学者だけで解決できるのか。こうして社会における意思決定について**「トランスサイエンス」**の考え方が出てきました**（論点⓫）**。二〇一五年には、国連総会で**SDGs（持続可能な開発目標）**が採択され、これまでの科学万能主義が限界にきているという認識のもとに、環境倫理に根差した新しい社会の構築が目指されています**（論点⓬）**。

すべてが壊れていく**「エントロピー増大の法則」**の宇宙の中で、わたしたちが持続可能な社会を築くにはどうすればいいのでしょうか。この大問題を解くヒントのひとつが**「生物多様性」**という考え方です**（論点⓾）**。私たちは今、かつて近代の幕開けを迎えた時のように、次なる新しい社会に向け、自然と科学との関係を見つめなおす重要な岐路に立っているのです。

1．西洋の価値観の変遷

【古代】（ギリシャ・ローマ）
自然　神々　人間

【中世】（キリスト教・暗黒時代）
神（キリスト）　人間　自然

【近代】（人間中心主義合理主義）
人間　自然　→　神

（キリスト教によって）神が人間を救う
救済の世俗化
（科学技術によって）人間が人間を救う

2．二〇世紀――近代科学が支える国家・社会

〈プラス面〉
社会的なインフラ（医療・交通・通信等）の整備＝便利になった生活

〈マイナス面〉
①地球環境問題（温暖化、エネルギー問題）＝環境倫理の危機
②臓器移植・代理出産・遺伝子操作・ＡＩの登場
＝「自由」の意味の問い直し

⬅

社会と科学のあいだの問題をどう解決するか？
↓トランスサイエンス

3．二一世紀――持続可能（サステイナブル）な社会へ

〈新たなる視座〉
・ＳＤＧｓ　・生物多様性の重視

覚えよう！ 人物とキーワード

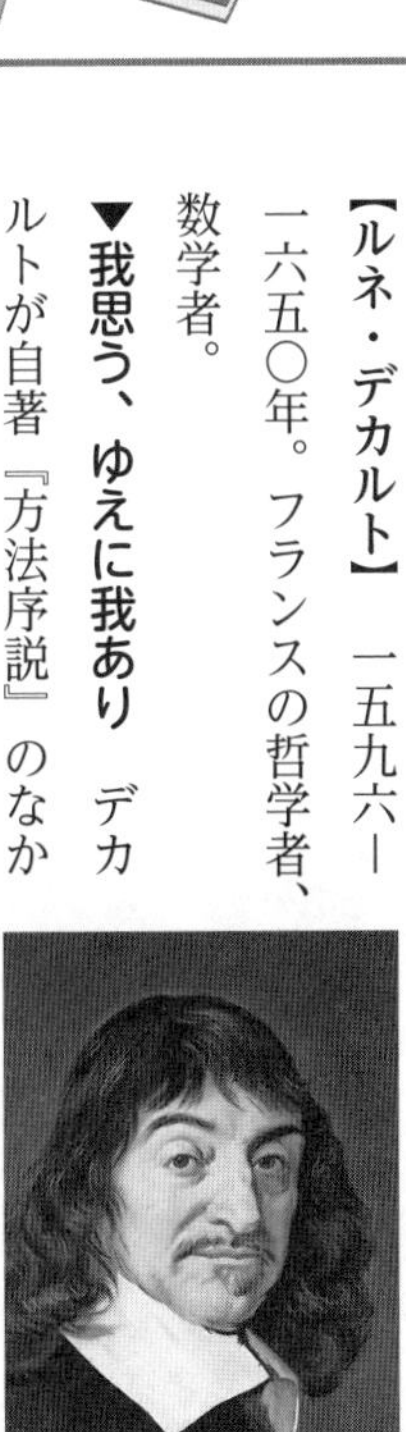

【ルネ・デカルト】　一五九六―一六五〇年。フランスの哲学者、数学者。

▼**我思う、ゆえに我あり**　デカルトが自著『方法序説』のなかで唱えた有名な命題。長い間キリスト教の神学中心だった中世において、自分で考えることが自分のアイデンティティであるということを力強く示したこの主張が、近代の扉を開いた。

▼**心身二元論**　デカルトは、自由意志をもつ心と物体としての肉体とを分離できると考え、心と身体を二項対立で捉える心身二元論を導いた。しかし、評論文ではこの「二元論」自体が問題視される場合も多い。

▼**機械論**　デカルトは、自然界や生命現象は時計細工のように構成要素の変化・運動によって運行していると考えた。こうした考えを「機械論」と呼ぶ。臓器移植や遺伝子操作など、身体をパーツのように扱う現代の生命観にも「機械論」の強い影響がある。

論点⑩…生物多様性

なぜ多様性が必要か

福岡伸一《ふくおかしんいち》

[1]私は野外で昆虫採集する一方、家で虫を育てていた。といっても団地のベランダである。そこにところ狭しと飼育箱が並んでいた。中に入っているのは蝶《ちょう》の幼虫と幼虫が食べる植物。

[2]私が飼育していたのはアゲハチョウ[1]類の幼虫だった。幼虫たちは食欲旺盛で育つほどに食べる。しかし、同時に彼らは、食べ物に関して驚くほど禁欲的である。自分が食べる植物を極端なまでに限定している。

[3]アゲハチョウであればミカン類かサンショウの葉しか食べない。近縁種のキアゲハ[2]はパセリかニンジンの葉しか食べない。ジャコウアゲハ[3]はウマノスズクサ[4]という奇妙な葉っぱしか食べない。

[4]植物はどんな葉でも基本的な光合成の仕組みは同一なので、そのために豊富なタンパク質や糖質を含んでいる。だから分析的な目で見ると、栄養素組成としては大差がないはずである。

[5]しかし、蝶の幼虫たちはどんなにお腹が空いていても、自分の食性以外の葉には見向きもしない。違う葉っぱをそばに置いても餓死してしまう。頑《かたく》なまでに

福岡伸一
一九五九年―。生物学者。東京都生まれ。生物現象を分子レベルで解明しようとする学問である分子生物学を、一般読者にわかる形で明快に説明する著作で知られる。主な著作に『生物と無生物のあいだ』（講談社現代新書　二〇〇七年）、『世界は分けてもわからない』（講談社現代新書　二〇〇九年）などがある。本文は『新版　動的平衡2　生命は自由になれるのか』（小学館新書　二〇一八年）によった。

1 アゲハチョウ　一〇センチメートル前後のチョウ。羽はやや緑がかった淡黄色で、黒筋や斑点がある。日本各地で見られる。

2 キアゲハ　アゲハチョウ科の

自らの食べるべきものを限定しているのである。

[6] ❶それは、限りある資源をめぐって異なる種同士が無益な争いを避けるために、生態系が長い時間をかけて作り出したバランスである。

[7] そして、そのバランスを維持しているのは他ならぬ個々の生命体の活動そのものである。彼らは確実にバトンを受け、確実にバトンを手渡す。黙々とそれを繰り返し、ただそれに従う。

[8] 食べ物だけではない。棲《す》む場所も、活動する時間帯も、交信する周波数も。彼らは自分たちが排泄《はいせつ》したものの行方を知っている。彼らは自らの死に場所と死に方も知っている。誰にどのように食われるかということさえも——。

アゲハチョウの幼虫

キアゲハの幼虫

ジャコウアゲハの幼虫

チョウ。一〇センチメートル前後。羽は黄色の地に複雑な黒い筋がある。屋久島以北の日本各地、ユーラシア、アメリカに分布する。

3 **ジャコウアゲハ**　アゲハチョウ科のチョウ。約一〇センチメートル。雄の羽は黒、雌の羽は灰色。本州以南の日本各地、台湾、朝鮮半島に分布する。

4 **ウマノスズクサ**　多年生のつる草。葉に独特な匂いがある。

❶「それ」とは何をさすか。

⑨これを生物学の用語で「ニッチ」[5]と呼ぶ。ニッチとは本来的に隙間の意味ではない。すべての生物が守っている自分のためのわずかな窪《くぼ》み=生態学的地位のことだ。窪みは同時にバトンタッチの場所でもあり、流れの結節点となって、物質とエネルギーと情報の循環、すなわち生態系全体の動的平衡を担保している。

⑩生命の多様性をいかに保全するかを考える際、最も重要な視点は何か。それは動的平衡の考え方だと私は思う。動的平衡の定義は「それを構成する要素は、絶え間なく消長、交換、変化しているにもかかわらず、全体として一定のバランス、つまり恒常性が保たれる系」というものである。

⑪なぜ常に動的なものに、ある種のバランス、恒常性が保たれうるのか。それは、バランス=恒常性を保つためにこそ、常に動いていることが必要である、ということである。この世界において、秩序あるものには等しく、それを破壊しようとする力が情け容赦なく降り注いでいる。「エントロピー増大の法則」[6]である。

⑫エントロピーは「乱雑さ」と訳すことができるだろう。形あるものを壊し、熱あるものを冷まし、輝けるものを色褪《いろあ》せさせる。この宇宙の中で何者もエントロピー増大の法則に反することはできない。

⑬エントロピーの増大を防ぐために、工学的発想に立てば、ものをもともと頑丈に作って破壊の力から守り抜くことが選ばれる。建物や道路や橋などの人工物は

5 ニッチ　ある生物が生態系の中で占めている位置。一般に「すきま」の意で訳されることが多い。［英語］niche

6 エントロピー　熱力学や統計力学で用いられる状態量のこと。ここでは統計力学上の用語として、この世界に存在する、私たちの目には見えない乱雑さを意味している。［英語］entropy

みなこの考え方によって作られる。

[14] しかし、どんなに頑丈に作っても、やがて破壊の力はそれを凌駕《りょうが》する。数十年の[7]オーダーならそれでもよいだろう。しかし生命の時間はずっとずっと長い。何万年。何億年。生命は工学的な思考とはまったく別の方法を採用した。

[15] わざと仕組みをやわらかく、ゆるく作る。そして、エントロピー増大の法則が、その仕組みを破壊することに先回りして、自らをあえて壊す。壊しながら作り直す。この永遠の自転車操業によって、生命は、揺らぎながらも、なんとかその恒常性を保ちうる。壊すことによって、蓄積するエントロピーを捨てることができるからである。

[16] では、なぜ生命は、絶えず壊されながらも、一定の平衡状態、一定の秩序、一定の恒常性を保ちうるのか。それは、その仕組みを構成する要素が非常に大きな数からなっていて、また多様性に満ちているということにある。

[17] そして、その多様性は、互いに他を律することによって関係性を維持している。つまり動的平衡においては、要素の結びつきの数が夥《おびただ》しくあり、相互依存的でありつつ、相互補完的である。だからこそ消長、交換、変化を同時多発的に受け入れることが可能となり、それでいて大きくバランスを失することがない。

[18] 動的平衡の視点から地球を捉え直してみたい。ミクロ[8]な眼で見ると、地球上の

7 オーダー ここは、注文・条件の意。[英語] order

8 ミクロ 非常に小さいこと。対義語は「マクロ (macro)」。[英語] micro

すべてのものは、生物にしろ無生物にしろ、物質はみな炭素、酸素、水素、窒素など、さまざまな元素から成り立っていると言える。そしてそれらの元素それぞれの総量は昔から変わらずほぼ一定である。

[19]しかし、それは絶え間なく結びつき方を変えながら、循環している。その循環の、直接のエネルギー源は太陽だが、元素を次々と集め、あるいは繋《つな》ぎ変え、それをバトンタッチするもの、つまり循環を駆動している働き手はいったい誰だろう。

[20]それは、この地球上に少なくとも数百万種あるいは一〇〇〇万種近く存在すると考えられる生物たちである。彼らがあらゆる場所で、極めて多様な方法で、絶え間なく元素を受け渡してくれているから[2]地球環境は持続可能＝サスティナブル[9]なのだ。

[21]つまり、生物は地球環境というネットワーク[10]の結節点に位置している。結び目が多いほど、そして結ばれ方が多岐にわたるほど、ネットワークは強靭《きょうじん》でかつ柔軟、可変的でかつ回復力を持つものとなる。すなわち、地球環境という動的平衡を保持するためにこそ、生物多様性が必要なのだ。

[22]具体的に言えば、生態系における生命は、互いに食う食われるの弱肉強食の関係にありつつ、一方的に他方が殲滅《せんめつ》されることはない。それは自らの消滅を意味する。そして食物連鎖は文字通り網の目のように張り巡らされている。さらに、

[2] 「地球環境」を循環し、「持続可能」なものにしているのは何か。

9 **サスティナブル** ［英語］ sustainable

10 **ネットワーク** 網の目のような細かなつながり。［英語］ network

たとえば植物と昆虫、ヒトと腸内細菌、細胞とミトコンドリア[11]、病原体と宿主といったあらゆる結び目において、精妙な共生、あるいは共進化が見て取れる。

[23]生物多様性が求められる根拠も実にここにある。生物多様性の価値は「バリエーション[12]が多ければ、それだけ適応のチャンスが広がるから」というふうに漠然と理解されているけれど、それは生物多様性の一面でしかない。生物多様性は、動的平衡の強靭さ、回復力の大きさをこそ支える根拠なのだ。

[24]それゆえに、もし多様性が局所的に急に失われると、それは動的平衡に決定的な綻びをもたらす。受粉の道具として品種が均一化されすぎたミツバチに次々と異変が生じている現象は、その典型的な例に見える。国家間のエゴ[13]や効率思考が先行すれば、生物多様性の理念はあっという間に損なわれてしまうだろう。地球環境はしなやかであると同時に、[3]薄氷の上に成り立っている。

[25]ニッチは「分際」と訳すことができる。すべての生物は自らの分際を守っている。ただヒトだけが、自然を分断し、あるいは見下ろすことによって分際を忘れ、分際を逸脱して

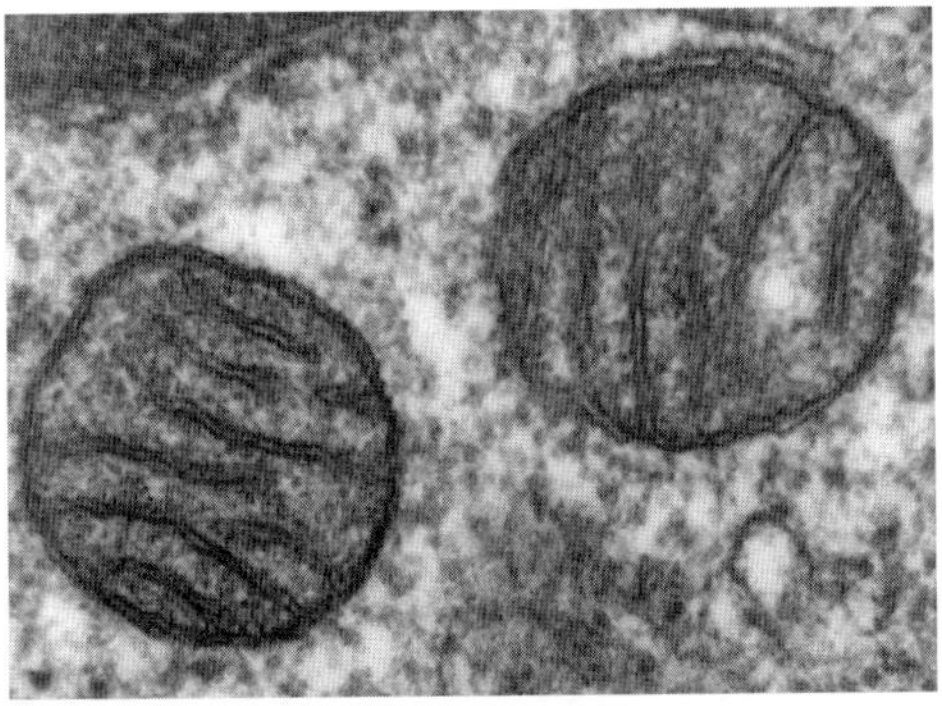
細胞内のミトコンドリア

11 **ミトコンドリア** 生物の細胞質内に存在する細胞小器官。細胞とは別に独自の遺伝情報を持ち、細胞の活動に必要なエネルギーを生み出すなどの役割がある。［英語］mitochondria

12 **バリエーション** 変化。変種。［英語］variation

13 **エゴ** 自我。ここでは、自己中心的な利益追求の姿勢のこと。エゴイズム。［ラテン語・英語］ego

[3] 地球環境が「薄氷の上に成り立っている」とはどのようなことか。

いる。

[26] ヒトだけが他の生物のニッチに土足で上がり込み、連鎖と平衡を攪乱《かくらん》している。私たちだけが共生することができず占有を求めてしまう。ヒトはもうすでに何が自分自身のニッチであるかを知らない。

[27] ニッチとは、多様な生命が棲み分けている場所、時間、歴史が長い時間をかけて作り出したバランスである。つまり今、私たちが考えねばならないのは生命観と環境観のパラダイム・シフト[14]なのである。

14 **パラダイム・シフト** ものごとの基本的な考え方の枠組み（パラダイム）が変わること。［英語］paradigm shift

理解

1 「栄養素組成としては大差がない」（七六・11）のに「蝶の幼虫たちはどんなにお腹が空いていても、自分の食性以外の葉には見向きもしない」（同・13）理由を、筆者はどのように考えているか、説明しなさい。

2 「バランス＝恒常性を保つためにこそ、常に動いていることが必要」（七八・10）なのはなぜか。「エントロピー増大の法則」という言葉を用いて説明しなさい。

表現

1 「生命観と環境観のパラダイム・シフト」（八二・6）について、本文を踏まえてあなたの考えを四〇〇字以内で述べなさい。

専門家に任せて大丈夫？

村上《むらかみ》陽一郎《よういちろう》

① [1]漱石《そうせき》の『三四郎』という作品の中に、野々宮《ののみや》宗八《そうはち》という物理学者が出てきますが、これは漱石の門人で東大の物理学教授でもあった[2]寺田《てらだ》寅彦《とらひこ》をモデルにして書かれたといわれている。その野々宮について、主人公はおおよそこんなふうに評しているんです。

② 「夏も冬も、昼も夜も、穴蔵のような研究室で光の圧力を調べる研究をしている。だからなかなか野々宮君というのは偉い。でも、所詮は野々宮君がやっていることは現実世界とはまったく無関係である。彼は現実世界とは一生接触することはないのではないか」（引用者意訳）

③ ここで三四郎が心の中でつぶやいていることは、当然ながら作者である漱石の言い分でもある。つまり研究室や学会、すなわち科学者共同体というのは、外から見れば「穴蔵」なんですね。物理学者がやっていることは、研究していることは、当の物理学者たちにとっては面白いかもしれないけれど、この世の中の役には何

村上陽一郎　一九三六年―。科学史・科学哲学研究者。東京都生まれ。科学と技術のはらむ問題を深くえぐる論考で名高い。主な著作に『ペスト大流行――ヨーロッパ中世の崩壊』（岩波新書　一九八三年）、『生命を語る視座――先端医療が問いかけること』（NTT出版　二〇〇二年）などがある。本文は『科学は未来をひらく』（ちくまプリマー新書　二〇一五年）によった。

1 **漱石**　夏目《なつめ》漱石（一八六七―一九一六年）。小説家・英文学者。『三四郎』は一九〇八年に発表された長編小説。

2 **寺田寅彦**　一八七八―一九三五年。自然科学・物理学の分野で多様な成果を収めたほか、文筆家としても知られた。

にも立たない。外の社会にとっては何の意味もない、直接的には関係がないということをずばり言い当てている。この部分を読むと、科学者という存在が当時から[1]そういう感覚で捉えられていたということが非常によくわかります。

[4]ここまでお話ししたのは、いわば「科学」が持っている一つ目の顔です。

[5]科学はいまでもこういう側面を持っています。つまり、すべての科学者が世の中のために役立とうなんて思って研究をしているとは限らない。かなり多くの科学者たちは、単に自分が面白いから、この謎が解けなければ死んでも死にきれないという思いに駆られるままに毎日研究を続けている。

[6]ところが、そこからさらに時代が進むにつれて、また別の顔が生まれてきたんです。その科学の二つ目の顔こそが、まさしく社会全体を揺るがしている大きな課題となっているといってもいい。

[7]いったい何が起こったのか？　発端は「戦争」にありました。

[8]第一次世界大戦と第二次世界大戦の間、一九二〇年代〜三〇年代の頃。この戦間期と呼ばれる時代から、科学研究の成果を産業や国家行政が活用しはじめたのです。

[9]その最初の例がウォーレス・カロザーズ[3]。この人はアメリカ人で、イリノイ大学を卒業した後、博士号も取得しハーバードで教えていた科学者だった。その彼

[1] 「そういう感覚」とはどのような感覚か。

3 **ウォーレス・カロザーズ** Wallace Hume Carothers 一八九六－一九三七年。

がデュポン社[4]という会社に雇われて、「絹よりもすばらしい人工繊維を開発しなさい」という使命を与えられた。そこで自らが持っている科学者としての知識と技を全て注ぎ込み、見事ナイロン[5]の開発に成功したんですね。それが一九三五年のこと。これはいうなれば、科学者が科学者として企業に雇われ、その技術と知識とを使って、与えられたミッションをやり遂げた、初めての実例だった。気の毒なことにカロザースは、一九三七年に旅先のホテルで青酸カリ[6]を飲んで謎の自殺を遂げてしまうんですが、これは未だにミステリー[7]として語り草になっています。

[10] そしてもう一つの実例が、あのマンハッタン計画[8]。——皆さんも知っているとおり、原子爆弾の開発のために、科学者・技術者を総動員したアメリカの国家計画のことです。

[11] 当の原子物理学者たちは、初めから原子爆弾をつくろうなんて思って原子物理学者として研究をやっていたわけじゃない。でも、彼らの仲間内で流通している知識が、大量殺戮《さつりく》兵器のために使えるということに政府が気づいてしまった。つまり、原子物理学者たちの仲間内で流通していた知識を、軍事が核兵器の開発に活用したわけですね。その結果、私たちにとっては非常に残念なことですけれど、**2** 見事な成功を収めてしまった。

[12] 科学者の研究成果が世界の趨勢《すうせい》を一変させた——この事実は、社会全体に大き

4 デュポン社 アメリカの大手化学会社。［英語］Du pont de Nemours, Inc.

5 ナイロン 石油を原料とする「ポリアミド」と呼ばれる合成樹脂で作られた繊維。軽量で丈夫なため、鞄などさまざまな用途に用いられる。［英語］nylon

6 青酸カリ 青酸カリウムの略。シアン化カリウムの別名。人体に極めて有害なことで知られる。

7 ミステリー 不思議な出来事。なぞ。［英語］mystery

8 マンハッタン計画 第二次世界大戦中、ナチス・ドイツに先んじて原子爆弾を開発すべく、アメリカ・イギリス・カナダが世界中から科学者を集めて研究させた計画。当初マンハッタンに本部が置かれていたため、「マンハッタン計画」と呼ばれた。

2 「見事な成功を収めてしまった」とはどのようなことか。

なインパクト[9]を与えることになりました。それまでの科学は、科学者共同体、科学者のコミュニティ[10]の中だけで閉じられたものであり、外部の人は、「ああ、あの人たちはああいうことをやっているのね、所詮それは私たちに直接関係ないわ。」と他人事のように眺めていられた。ところが、ナイロンの開発やマンハッタン計画の成功のあたりから、そういう事態がガラッと変わるわけですね。

[13] 行政や産業というのは、社会にとって決定的に大きな力をもったセクション[11]です。その行政や産業が科学の力を利用することによって、一般の人々の間にも科学が大きな影響を持つようになった。となると、科学が否応《いやおう》なく、社会全体の課題の一つになる。

[14] 現実世界とまったく関係ない？　とんでもない。『三四郎』が書かれた時代とは異なり、科学は社会ときわめて大きな関係を持つようになりました。さらに、その関係こそが新たな課題となるような事態が生まれてきたわけです。

[15] 実際、日本の政治においても、一九九五年に科学技術基本法[12]という法律が国会で可決されました。簡単にいえば、科学技術を利用して日本の国家を繁栄させていこう、そのための施策を決めていこう、というのがその趣旨です。医療でも教育でも、福祉でも交通でも通信でも、私たちの生活のあらゆる場面のなかに科学の成果が利用されるようになったんですね。

9 **インパクト**　衝撃。影響。［英語］impact

10 **コミュニティ**　共同体。［英語］community

11 **セクション**　部門。［英語］section

12 **科学技術基本法**　平成七（一九九五）年一一月に施行された、十九条からなる日本の科学技術政策について定めた法律。

[16] ところが、[3]ここである重要な疑問が生じます。それは、「社会での意志決定は誰がすべきか。」ということ。

[17] 「意志決定？　そんなもの、専門家が最もよくわかっているんだから、この科学技術がらみの話は全部専門家に任せておけばいいじゃないか。」――これまでは、おおよそこんな考え方でやってきたといえます。しかしそこには本来、黙って見過ごしてはいけない二つの問題が横たわっている。

[18] 一つは原理的問題です。民主主義社会に属する人間として、私たちはそういう意志決定にまったく関わらないまま専門家だけに任せておいてよいのか。いわば社会のしくみの根幹に関わる問題がまずは指摘できます。

[19] そしてもう一つは、「専門家に任せておいて本当に大丈夫なのか？」という実際的な懐疑です。彼らは本当に正しい判断ができるのか。――だって「専門」というのは、「門を専らにする」という意味でしょ？　その「門」というのは、さっき述べた「科」とほぼ同じ意味です。さらに「専」は訓読みすると「もっぱら」。つまり、一つのある特定の領域、それだけをもっぱらやっている人が「専門家」なわけです。ところが、いま私たちの社会のなかで問題になっている科学技術がらみの話は、一つの領域のみに収まらないものがほとんどなんです。

[20] たとえば、映画化もされて話題にもなった小惑星探査機「はやぶさ」[13]。私たちの知らない宇宙空間を飛び回っていた、あの「はやぶさ」を具体的にどうするの

3 「ここ」とは何をさすか。

13 **はやぶさ**　二〇〇三年に宇宙科学研究所が打ち上げた小惑星探査機。二〇〇五年に小惑星イトカワに着陸、地表面のサンプルを採取したのち地球に帰還した。地球重力圏外の天体のサンプルを持ち帰った、史上初の探査機。

かっていう話だったら、専門家に任せておいてもいい。でもＢＳＥ[14]（狂牛病）の全頭検査が合理的なのかどうなのかという話になると、事情はまったく異なってくる。

[21] 全頭検査が正しいか正しくないかということは、単にプリオン（ＢＳＥの要因とされる感染性タンパク質）というものの振る舞いがわかっているだけでは判断できない問題です。当然ながら、経済上の問題もたくさん入ってくるし、貿易問題にも波及してくる。プリオンという科学の領域だけでなく、人間の営み全体にまたがる複雑な社会問題なんです。社会の様々な要素を加味しながら意志決定をしなければならないはずなのに、プリオンの専門家だけに任せておいてＢＳＥの問題が解決するのか？　そんなわけありませんよね。

[22] ＧＭＯについても同じことです。ＧＭＯとは、genetically（遺伝的に）modified（変えられた）organism（有機生物）の略語で、遺伝子組換作物[15]とも呼ばれています。このＧＭＯを農作物として利用するかどうか、たとえば北海道では非常に強い反対がありました。そういう決定は、専門家だけに任せておいていいのかどうか。何度もいうように、専門家というのは、文字どおりその領域しか分からない人たちのこと。そんな人たちに、もっともっと幅広い領域をカバーしているような問題を押しつけてしまっていいのか。

[23] 近年、こうした問題のことを、トランスサイエンス（trans-science）という

14 **ＢＳＥ**　［英語］Bovine Spongiform Encephalopathy（牛海綿状脳症）の略。牛の脳に空洞が発生してスポンジ状になり、多様な脳機能障害が発生する感染症。人への感染の可能性も指摘されている。

15 **遺伝子組換作物**　遺伝子を人工的に操作し、より感染症に強かったり、成長速度が速かったりといった、人類に有益な特徴を付加した作物。

言葉で呼ぶようになってきました。transとは「超越する」という意味です。すなわち、[4]サイエンスを超えたもの。そういうトランスサイエンス的な問題に対して、サイエンティストの判断だけでは足りないのではないか――そういう考え方が最近になってようやく表れてきたんです。

[24] たとえば、裁判員制度を思い浮かべてみてください。

[25] いままでの裁判所の中では、検事や弁護士、裁判官といった、司法の資格をもった専門的な人だけが判断することを許された。その人たちだけによってすべての意志決定がなされてきた。

[26] ところが、裁判員制度が導入されることになり、何の資格も持たない普通の生活者が裁判員として裁判に参加することになった。じゃあそこで何が期待されているのか?――それは、常識であり、良識だといってもいい。すくなくとも私はそう考えています。

[27] こういうシステムのことを参加型技術評価、略してPTAと呼びます。といっても、皆さんにとってもおなじみのParent-Teacher Associationではなくて、Participatory Technology Assessmentの略。いろいろな人たちが、いろいろな知識を持ち寄って、いっしょに参加して問題を決定していきましょう、という考え方のこと。そうした動きが近年、さまざまな場面で生まれてきています。

4 「サイエンスを超え」るとは具体的にどのようなことか。

[28] さっき挙げたBSEやGMOの問題。特にナノテクノロジー[16]と呼ばれている分野をはじめ、新しい分野であればあるほど、より早く、より多くの人たちが自分たちの知識を持ち寄って、ああでもない、こうでもないと少しずつ議論していかなければならない。いわゆる「熟議」の必要性ですね。少なくともある種の問題については、専門家に任せきりにしていい時代は終わったんです。いろいろな人たちが、いろいろな知恵と常識とを持ち寄り、充分議論を尽くした上で一歩一歩意志決定をしていかなければならない。そういうことが必要な社会になってきている、ということを、皆さんにはぜひわかっていただければと思います。

16 **ナノテクノロジー**　物質をナノメートル（1nmは10のマイナス9乗）という極小のスケールで操作する技術。

理解

1「科学の二つ目の顔」（八四・10）とあるが、「一つ目の顔」（同・4）と「二つ目の顔」とはどのようなものか、それぞれまとめなさい。

2「科学技術がらみの話は全部専門家に任せておけばいいじゃないか」（八七・3）という考え方にはどのような問題点があるのか、説明しなさい。

表現

1「たとえば、裁判員制度を思い浮かべてみてください。」（八九・5）とあるが、裁判員制度は科学におけるどのようなことをたとえているのか、説明しなさい。

持続可能な発展と環境権

北村喜宣《きたむらよしのぶ》

[1]日本は、元来、自然が豊かな国です。雨が多いために河川は流量が豊富ですから、工場の排水口から多少の汚濁物質が排出されても、希釈・浄化されて水はきれいになります。工場の煙突から出されるばい煙[1]も、それほどの量でなければ、季節風[2]によって拡散されました。おそらく、昔の人たちは、環境とのつきあい方をよく知っていて、過剰に利用したと思えばしばらくはそっとして回復を待とうとか、利用者相互が調整をしながら環境の恵みをわかちあおうといった「知恵」を持っていました。

[2]ところが、戦後の高度経済成長時代の急速な重化学工業化や開発は、❶そうした「知恵」を忘れたかのように、環境に襲いかかりました。集中的に立地した工場群から、不要物である膨大な量の排水やばい煙が何の措置も施されないままに放出されたのです。それを受け止める側の環境のキャパシティ[3]（受容力）には、思いが至りませんでした。水や大気という環境資源は、まさに「ゴミ捨て場」としてしか認識されていなかったのです。

[3]それどころか、林立する工場の煙突からもうもうと煙があがる風景は、繁栄の

北村喜宣
一九六〇年－。法学者。京都府生まれ。行政法を専門としている。主な著作に『リーガルマインドが身に付く自治体行政法入門』（ぎょうせい 二〇一八年）、『廃棄物法制の軌跡と課題』（信山社 二〇一九年）などがある。本文は『環境法［第二版］』（有《ゆう》斐《ひ》閣《かく》 二〇一九年）によった。

1 **ばい煙** 燃料や物体の燃焼に伴い発生する硫黄酸化物や煤《ばい》塵《じん》（ボイラーなどから発生する煤《すす》などの粒子）および、さまざまな有害物質の総称。

2 **季節風** 夏と冬で風向きが反対になる風。モンスーン。

❶「そうした『知恵』」とはどのようなものか。

しるしとして、きわめて肯定的に受け止められていました。まさに、地域の「誇り」だったのです。

④次に掲げた自治体の市歌をみてください。現在に生きる私たちにとっては、「目が点」になるような歌詞です。しかし、それぞれは、当時における工業都市の市民の「発展」に対する熱い思いが込められたものでした。

【川崎市旧歌】[4]

巨船繋《おおふねつな》ぐ埠頭《ふとう》の影は
太平洋に続く波の穂
黒く沸き立つ煙の焔《ほのお》は
空に記す日本
翳《かざ》せ！　我等《われら》が強き理想

【旧八幡《やはた》市歌】[5]

焔《ほのお》延々　波濤《はとう》を焦がし
煙濛濛《もうもう》　天に漲《みなぎ》る、
天下の壮観　我が製鉄所
八幡八幡　吾等《われら》の八幡市、
市の進展は　吾等の責務

⑤河川や海の水がどす黒く濁って悪臭が発生し、魚の死体が水面に浮く。天気予報では晴れなのに空がどんよりと曇り、太陽がぼんやりとしか見えない。こうした情景は、一九六〇年代中期の都市部では、決してめずらしくはありませんでした。このような状態になるまでに、環境は相当に痛めつけられていたのです。

⑥一方で、日本経済は、高度成長を謳歌《おうか》していました。しかし、さすがに中央政

3 **キャパシティ**　［英語］capacity

4 **【川崎市旧歌】**　一九三四年に市政一〇周年を記念して制定された。歌詞は公募の中から選ばれたもので、引用箇所は三番。一九六九年に一部変更され、二〇〇四年にも変更が加えられた。

5 **【旧八幡市歌】**　一九六三年に周辺五市合併で北九州市になる前の市歌。一九二七年に市制一〇周年を記念して制定されたか。八波則吉《やつなみのりきち》作詞。

府も、環境汚染を何とかしなければならないと考えるようになります。環境への影響を超えて、国民の生命・健康にまで影響が出始めていたからです。

[7]「何とかする」というとき、どのような対策が考えられるでしょうか。加害者と被害者を引き離して悪影響が及ばないようにするのは、あらゆる対策の基本です。しかし、実際には、住民が住む都市部の沿岸地域に工場は立地しているのですから、どちらを動かすこともできません。そうなると、どうしても工場の施設を改善するなどの対応が求められることになります。これは義務づけなので、法律の根拠が必要になります。

[8]工場としては、排煙や排水を浄化する装置を設置するために多額の費用を払わなければなりません。また、汚染物質の発生を抑えようとすれば従来のペースで生産を継続できないかもしれません。

大量の煙が上る工場を背にマスク姿で登下校する川崎市の児童（1969年）

したがって、❷なるべく影響を回避したいと考えるのは当然でしょう。法律による規制は仕方ないにしても、事業活動は従来通りに近い形で継続したいのです。

[9]たしかに、環境に対してまったく関心を払わないのは適切ではない。

❷「なるべく影響を回避したい」と考えるのはなぜか。

しかし、経済発展を阻害するような規制は好ましくない。そこで、こうした考え方を表現した条文が[6]個別法に規定されました。「調和条項」とよばれるものです。そして、その考え方のもとで具体的な法制度設計がされました。一九六二年に制定されたばい煙規制法を例にみてみましょう。

[10] [7]ばい煙規制法一条　この法律は、工場及び事業場における事業活動に伴って発生するばい煙等の処理を適正にすることにより、大気の汚染による公衆衛生上の危害を防止するとともに、生活環境の保全と産業の健全な発展との調和を図［る］。

[11] 歴史的にみれば、近代日本において重視されたのは、産業政策であり環境政策ではありませんでした。そのおかげで戦後復興や高度経済成長がもたらされたのですが、その一方で、深刻な汚染が蔓延《まんえん》していました。後発的に登場する環境政策は、産業政策にブレーキをかける役割を演ずることになりますから、当然に、それにより経済的利益が減少する側の政治的反発を招きます。

[12] 調和条項は、まさに苦心の作[3]といえるでしょう。「公衆衛生上の危害」というのは、国民の生命・健康への危害のことです。これは、絶対に防止するとしています。しかし、生活環境に関しては、産業の健全な発展と調和する範囲で実現す

6 **個別法**　基本法に示された方針に基づき、個別の政策を実施するために制定された法律。ここでは、環境を保全・保護することを目的とした法律の総称である「環境法」に関して、環境法全体を構成する個別の法律をさす。大気汚染防止法や水質汚染防止法などがある。

7 **ばい煙規制法**　一九六二年に制定された大気汚染防止に関する法律。正式名称は「ばい煙の排出の規制等に関する法律」。一九六三年に一部改正された。一九六八年制定の「大気汚染防止法」に吸収され、廃止。

3 「苦心の作」とはどのようなことか。

るというのです。たとえていえば、天秤《てんびん》の片方のお皿に実現したいだけの経済発展という分銅をあらかじめ載せておき、もう一方のお皿に環境保護という分銅をおそるおそる載せるというようなイメージです。環境保護の重さは、経済発展の重さを上回ってはならないという認識があったのです。

[13] やがて、環境法の基本的考え方は、将来世代や生態系へと目を向けていきます。一九八〇年代になると、環境を地理的にも時間的にもより大きな枠組みでとらえるようになります。「持続可能な発展」がそれです。現在に至るまで、国際的および国内的環境法の根底をなしています。

[14] 「持続可能な発展」とは何かを定義する法律はありません。この文言を使用する唯一の法律は、環境基本法[8]（一九九五年制定）でなく観光立国推進基本法[9]（二〇〇六年制定）ですが、定義はしていません。ここでは、「将来の世代が自らのニーズを満たそうとする能力を損なうことなく現在の世代のニーズを満たすような発展」としておきましょう。野生動植物を獲りつくして絶滅に追いこむようなことはしてはならないのです。

[15] 調和条項の削除は、環境保全が実現できる範囲で経済発展を考えようという趣旨でした。持続可能な発展には、将来世代の幸せを邪魔しない範囲で現代世代の幸せを考えようという思いが込められています。その特徴をまとめると、①将来世代のニーズへの配慮が第一義とされている、②人間生活と環境の結びつきの強

8 **環境基本法**　一九九三年一一月に制定された日本の環境政策の根幹を定める法律。

9 **観光立国推進基本法**　二〇〇六年に制定された日本の観光立国実現に関する政策の基本法。一九六三年制定の「観光基本法」を改正し、法律名を改めたもの。

さを重視している、③環境資源の有限性を明確に認識している、④経済や科学の健全な発展が不可欠という前提がある、という点にあるでしょう。

[16] 環境権が提唱されたのは、一九七〇年頃です。訴訟の武器として考案されたのです。高校現代社会の教科書[10]は、「公害による生命・健康被害が生ずる前に、環境汚染・環境破壊を食い止める」といいます。その通りで、環境権のポイントは、「未然に」という点にあります。個人の尊厳・生命・健康はもっとも重要なものであり、その利益をまもるための権利は人格権とよばれます。これが侵害されようとすれば、その行為を止めるべく訴訟を提起できます。これを行為差止訴訟といいます。

[17] 被害を受ける側である原告の請求は、いつも認められるわけではありません。それは、侵害行為が相当の可能性をもって被害を発生させると予測される場合にかぎられます。訴えられている側である被告の立場に立てば、「被害が生ずるかもね」という程度の状態で自分の経済活動が止められてしまうのでは、納得がいかないからです。

[18] 裁判所は、原告の利益と被告の利益の両方を天秤にかけます。このため、生活をするうえである程度の迷惑をこうむったとしても、あれこれ考えて（法的には「比較衡量《こうりょう》」といいます）、それがまあまあ我慢すべきだろう（法的には「受忍限度の範囲内」といいます）と評価される場合には、加害行為は原告との関係で

10 **教科書** 『高校現代社会 新訂版』（実教出版 二〇一八年）に言及している。

「違法ではない」となって、請求は認められないのです。

[19] 被害が及ぶような状態になってしまってからでは遅い。環境権の根底には、こうした発想があります。また、私たちの生命・健康の維持に大きな役割をはたす環境そのものに価値を見いだして、それへの侵害を排除しようという発想もあります。生命・健康への影響が問題とされるような段階においては、すでに生活環境はそれなりに汚染されたりして悪化しています。そこで、被害があるかないかにかかわらず、生活環境に影響を与える行為をより早い時点で食い止める。これが、[4]環境権の戦略です。

4 「環境権の戦略」とはどのようなものか。

理解

1 二つの自治体の歌（九二・6）のどのようなところが「現在に生きる私たちにとっては、『目が点』になるような歌詞」（同・3）なのか、説明しなさい。

2 「野生動植物を獲りつくして絶滅に追いこむようなことはしてはならない」（九五・13）のはなぜか。「持続可能な発展」という言葉を用いて説明しなさい。

表現

1 本文における「環境権」の成立やその背景を踏まえ、新しい社会を作っていく上で法律の果たす役割について、あなたの考えを四〇〇字以内で述べなさい。

第5章

経済と人間

論点をつかむ

はるか昔から、人間は常に集団で生きてきました。家族、共同体、都市、国家など、さまざまな集団を作り、その中で人は他者と協力しながら、自然環境や災害、敵から、自分たちの身を守ってきました。**共同体**を維持するには、約束事が必要であり、それを守る道徳が尊重されなければなりません。やがて「血縁／地縁」の共同体から、見知らぬ人々が行き交う**都市**での生活が中心になると、誰にでも通じる約束事＝法とそれを担う権力が生まれました。また、それまでの物々交換や貸し借り、**贈与の「記憶」**（**論点⑭**）に変わって、**「貨幣」**を媒介して商品や人々がつながる新しい経済のシステムができあがりました（**論点⑬**）。

現在、世界の経済制度の主流は**資本主義**です。資本主義の根本は、**差異が利潤を生み出す**ということ。**商業資本主義**では、場所によるモノの価値の差異が利潤を生みましたが、交通の発達により距離の生み出す差異が解消されると、資本家たちは商品の値段と、その商品を作るためにかかる労働力の価値との差異で利潤をあげるようになりました。これが**産業資本主義**です。その後、安価な労働力で利潤を生むのにも限界が来た時、人間は、商品そのものではなく、それに付随する**「情報」**を差異の源としました。**ポスト産業資本主義**の到来です。

近代は**人間中心主義**の時代です。しかし今、人間が作った経済のシステムが人間自身を**疎外**している、そんな社会になっているのではないか（**論点⑮**）。そうした反省から今、マルクスなどが読み直され、資本主義自体が問い直されているのです。

1・自然状態から社会へ
「自然状態」……「万人の万人に対する闘争」（ホッブズ）
↓
「共同体」……血縁・地縁や「贈与」を通じた結びつき
↓
「都市」……互いに見知らぬ者同士が暮らす「社会」
→貨幣を中心とした経済制度の誕生

2・資本主義の発展
現代の経済制度の主流＝資本主義→「差異」によって「利潤」を生み出す
・商業資本主義……離れた二つの地域間の需要の差異
コショウが豊富な土地 → 安く仕入れて高く売る → コショウが稀少な土地
・産業資本主義……安価な労働力と生産物の価値との差異
高価な生産物　労働者
・ポスト産業資本主義……商品の持つ情報／広告の差異
生産物 → ブランド名 → 付加価値 → 高級商品

3・資本主義と人間疎外
資本主義社会の中心……差異を生み出して利潤に変える「資本主義」のシステム
人間は自らが作ったシステムに組み込まれ、主体性を失う ← 疎外

覚えよう！ 人物とキーワード

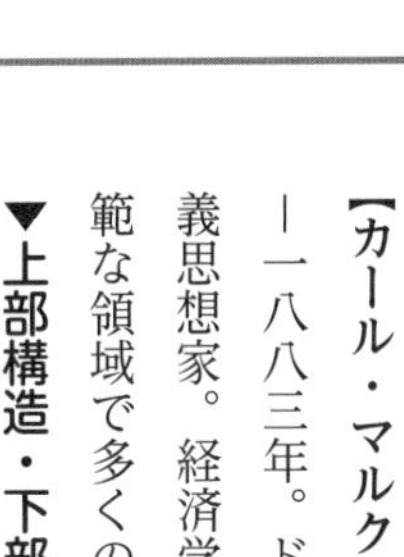

【カール・マルクス】 一八一八－一八八三年。ドイツの社会主義思想家。経済学・哲学など広範な領域で多くの業績を残した。

▼上部構造・下部構造 マルクスは、物質的生活の生産様式＝経済（下部構造）が、社会的・政治的・精神的・生活過程一般（上部構造）を規定すると述べた。そして下部構造に矛盾が生じると階級闘争が発生し、その結果として上部構造が変化し、歴史が進歩すると考えた。

▼イデオロギー マルクスは、この語を広義には上部構造そのもの、狭義には政治的・宗教的・社会的・文化的なさまざまな意識形態ととらえた。以来、この語は、ある社会体制を支えている「思想・信条」をさし、しばしば批判的な意味合いで使われることが多くなった。

▼疎外 マルクスは、資本主義社会では人間が自らの作り出したシステムによって抑圧されると指摘した。このように人間の主体性が追いやられることを「疎外」と呼んだ。

共同体から社会へ

松井《まつい》彰彦《あきひこ》

[1] 日本人で「さるかに合戦」を知らない人は少ないだろう。おむすびを持っていたカニが、猿と交換したのは柿の種（せんべいではない）。畑にまいて一生懸命に水をやり、ようやく柿の実がなる。柿が取れないカニは猿に柿を取ってもらおうとするが、猿は自分だけ食べた後、カニに熟していない柿を投げつけて殺してしまう。

[2] 泡を吹いて倒れたカニからぞろぞろと出てきた子どもたちは親のあだ討ちに立ち上がり、途中、栗《くり》、蜂、石臼、牛糞《ぎゅうふん》といった助っ人を得て、猿の家に向かう。そして、首尾よく猿を退治してしまうのだ。

[3] 一七世紀の哲学者トマス・ホッブズ[1]は『リヴァイアサン』で、自然状態においては、人間は万人に対する闘争を繰り広げると述べ、秩序維持のための王権強化の必要性を説いた。自然状態では、協力関係の構築も難しいため、正に弱肉強食の地獄絵が立ち現れる。目の前に食べ物があったら、早い者勝ちだし、強ければ猿のように他人の物を奪ってもかまわない。このような状態では、善も悪もない。そこには、ただ強い者と弱い者、勝者と敗者がいるだけである。

松井彰彦
一九六二年—。経済学者。東京都生まれ。ゲーム理論によって人間関係や社会のあり方を論理的に分析する。主な著作に『高校生からのゲーム理論』（ちくまプリマー新書　二〇一〇年）、『不自由な経済』（日本経済新聞出版社　二〇一一年）などがある。本文は『市場ってなんだろう　自立と依存の経済学』（ちくまプリマー新書　二〇一八年）によった。

1 トマス・ホッブズ　Thomas Hobbs　一五八八—一六七九年。イギリスの思想家。『リヴァイアサン』は、国家を『旧約聖書』に登場する怪物にたとえた書名。国家についての政治哲学の書で、一六五一年刊。

④自然状態では、強い者は、弱い者に努力させておいて、その果実を猿のように横取りするのが一番得をする。種をまいて実がなるのを待ってなどといったカニのような悠長さでは、実がなったころに横取りされてしまう。誰も他人に横取りされるモノを努力して育てようとしなくなるため、社会の生産性は低い水準にとどまってしまう。

⑤それにしても、猿は浅知恵だった。もしかしたら『リヴァイアサン』の「万人の万人に対する闘争」のくだりだけ勉強して育ったのかもしれない。あだ討ちされてしまうくらいなら、あのような強欲なことはせずに、カニから少しだけ分け前をもらうことで満足すべきであった。

⑥一方でホッブズも、「さるかに合戦」を読んでいたら、王権の強化だけが唯一の答えでないことに気づいたかもしれない。「さるかに合戦」、恐るべし。

⑦ホッブズは、国家秩序が乱れる時代に生きたため、秩序のない社会を透視しつつ、秩序の重要性を訴えた。[1]「自然状態」が歴史的に存在したか否かはともかく、自然状態に耐えられない人々は、国家よりもまず協力し合う集団――共同体を形成する。共同体では、協力してモノを作り分かち合うと同時に、相手にとって有用なモノを与え、相手からは自分にとって有用なモノをもらう。

▶『リヴァイアサン』表紙

1 「自然状態」とはどのような状態か。

⑧共同体の本質は、一定の集団の人間が毎日顔を合わせるところにある。今日限りの関係であれば、得られた食べ物を自分だけの物にしてしまってもそれっきりだが明日も顔を合わせるとなれば、話が変わる。今日横取りをすれば、明日はしっぺ返しを食らうから、つき合いはあくまでも互恵的――つまり、お互いさまでなくてはならない。近年に至るまで、何を誰にもらって何をあげたかを克明に記録していた庄屋[2]があったというが、お互いさまの取引には、そのような記録や記憶が欠かせない。

⑨お互いさまの取引のルールを破る者には、秩序を維持するために、共同体ぐるみで罰を与えることもある。「さるかに合戦」では、ルールを破った猿はカニの子どもたちだけでなく、栗や蜂、石臼、そして牛糞によっても罰せられるのである。

⑩共同体の中では、信頼と協調の関係が支配的でも、共同体から一歩外へ出れば、見知らぬ者同士の弱肉強食の関係が待ち受けていた。強い共同体が弱い共同体を傘下にしながら、共同体は次第に大きくなっていく。

⑪それでも、共同体がお互いに顔見知りの小さな共同体の複合体であるうちは、互いによそ者を排除することで、仲間はずれにされた者は行くところもなく、大きな不利益を被る。また、共同体では大した理由もなく、偉そうな顔をしている人間が跋扈《ばっこ》する。「あの人に逆らうと大変だぞ。」とみんなが思っていると、実力

2 庄屋　江戸時代の村落の長。代官などの下にあって、村人から年貢（税）を徴収するなどの事務を担った。

がなくともみんながそう思っているという理由だけでのさばる輩《やから》がいるのである。

[12] しかし、共同体がさらに大きくなって、もうお互いの顔も分からないくらいになると、秩序を維持しようとしても、これまでの罰し方では難しくなってくる。顔見知りがいないところへ逃げてしまえばよいからである。

[13] 共同体からの脱皮は都市の誕生とともに始まる。

[14] 人々が集まり、お互い誰が誰だかわからない状態になったのが都市である。都市では顔の見える関係はもはや一部でしかない。多くの人は明日再び会うかどうかわからない見知らぬ人である。人間の欲求が多様化して、さまざまなものが作られるようになると、小さな集落よりも大きな集落、そして大きな都市のほうが、より暮らしやすくなってくる。ひとりの人間がさまざまなモノを作ると、いたって効率が悪くなるため、モノの種類や豊富さは、人数に左右されるからである。

[15] 半面、顔が見えない関係が増えることで、[2]問題も発生する。共同体では、長期的な関係に基づく相互監視が自然状態を克服するために使われたが、都市では、そのような機能は著しく限られる。それに代わるのが、法であり、それを作り、守らせるための権力機関が登場する。

[16] そのような都市では、共同体のような記録や記憶だけでは取引がおぼつかない。かといって、物々交換では、互いに相手が欲しがるモノを持っていなければ取引

[2] なぜ「問題も発生する」のか。

が成立しない。誰でも受け取ってくれるモノ、貨幣が登場することになる。

[17] 古くは、世界四大文明[3]の一つ、メソポタミア文明[4]において貨幣が使われたとの記述がある。かのハンムラビ法典[5]もメソポタミア文明の産物である。

[18] 貨幣の本質は記録や記憶を代替している点にある。取引の記録をすべてつけて見返りを期待する代わりにその場で貨幣を受け取ってしまう。あるいは渡してしまう。それによって、誰に何をどのくらいあげたかをいちいち記録する必要がなくなる。この本質に鑑みれば、貨幣は貴金属である必要はなく、米や紙切れでもかまわない。

[19] [3] 顔の見えない取引はこのように、顔が見えない都市という場に浸透していくことになる。

3 **世界四大文明** エジプト・メソポタミア・インダス・黄河文明の四つをさす。

4 **メソポタミア文明** 六二ページ脚注「楔形文字」参照。

5 **ハンムラビ法典** 紀元前一七九二年から前一七五〇年にわたってバビロニア第一王朝を統治したハンムラビ王が発布した法典。

3 「顔の見えない取り引き」とはどのような取り引きか。

理解

1 「『さるかに合戦』、恐るべし。」（一〇一・12）とあるが、「さるかに合戦」は何に対してどのような点において「恐るべし」なのか、まとめなさい。

2 「共同体からの脱皮は都市の誕生とともに始まる。」（一〇三・5）とはどのようなことか、説明しなさい。

表現

1 「貨幣は貴金属である必要はなく、米や紙切れでもかまわない。」（一〇四・7）のはなぜか。「貨幣の本質」を踏まえて説明しなさい。

「借り」の哲学

ナタリー・サルトゥー＝ラジュ
高野《たかの》 優《ゆう》・小林重裕《こばやししげひろ》 訳

[1] モース[1]が経済活動を含む原始社会の人間関係の基本を《贈与交換》に求めたのに対し、ニーチェ[2]は《負債》こそがその基本だと考えた。この点について、哲学者のジル・ドゥルーズ[3]とフェリックス・ガタリ[4]は、ニーチェの『道徳の系譜』の影響を受けつつ、原始経済は《贈与》や《交換》からではなく、《負債》から説明すべきだとして、こう言っている。

[2] 現代人類学が生んだ偉大な著書と言うなら、モースの『贈与論』よりニーチェの『道徳の系譜』のほうがふさわしい。

[3] ということで、『道徳の系譜』におけるニーチェの考えを説明すると――ニーチェは古代の社会で「道徳」ができあがった、そのおおもとに《負債》を置いた。すなわち、《負債》という概念があることによって、人間は「道徳的な存在」になったというのである。というのも、「道徳的な存在」になるということは、要するに「約束を守る存在」になるということであるが、そのためにはまず「記憶

ナタリー・サルトゥー＝ラジュ Nathalie Sarthou-Lajus 一九六七年―。フランスの哲学者・作家。二〇〇七年からはフランスの思想誌『エチュード』副編集長を務める。主な著作に『「借り」の哲学』（太田出版 二〇一四年）があり、本文は同書によった。また、右の著者近影は『私たちの生を救う』（*Sauver nos vies* 二〇一三年、未邦訳）の書影によった。

1 **モース** Marcel Mauss 一八七二―一九五〇年。フランスの文化人類学者。

2 **ニーチェ** Friedrich Wilhelm Nietzsche 一八四四―一九〇〇年。ドイツの哲学者。

3 **ジル・ドゥルーズ** Gilles Deleuze 一九二五―一九九五年。フランスの哲学者。

を持つ存在」にならなければならない。そこで《負債》が果たした役割を考えると、《負債》はまず人間に「借りたものは返さなければならない。」という意識を植えつけ、「借りたことを覚えている存在」――「記憶を持つ存在」にした。それから、「借りたものをきちんと返させる」ことによって、人間を「約束を守る存在」にしたのである。「責任を持った、信頼される存在」にしたと言ってもよい。「約束を守ること」、「責任を持つこと」――これがすべての道徳の基礎になることは言うまでもない。《負債》は、その観念を育て、鍛えたのである。

[4] また《負債》は、「借りたものを返す」という約束が守れなければ、その代償として、「相手から罰を受けてもしかたがないし、相手に隷属し、支配される状態になってもしかたがない。」ということを人間に教えた。この「罰」については、「法」の制定とともに、やがて共同体が引き受けるようになるが、いずれにしろ、「約束を守って、借りたものを返せる」者だけが共同体のなかで、人間としての資格を得る。そういった意味で、《負債》は人間と人間の関係、あるいは社会と人間の関係の基本だったのであり、「道徳」や「法」のもとになったというのである。

[5] だが、このニーチェの論考の場合、《負債》はあくまでも、物質的、経済的、法的なものである。また、その意味で[1]等価交換的でもある（ニーチェは『道徳の系譜』のなかで、等価交換的ではない、宗教的な《負い目》についても語ってい

4 フェリックス・ガタリ Pierre-Félix Guattari 一九三〇―九二年。フランスの哲学者・精神分析家。

[1] 「等価交換的でもある」とあるが、「負債」が「等価交換的」であるとはどのようなことか。

るが、それに肯定的な評価を与えているわけではない）。その点からすると、ニーチェよりはモースのほうが興味深い。モースは《交換》と《贈与》、《借り》について考察して、法や経済の枠を超えた、等価交換的ではない、社会全体の問題としての《借り》に高い価値を与えているからである。

[6] では、ここで《贈与》と《交換》、《借り》の関係について、あらためて考えてみよう。ごく普通に考えたときに、《贈与》と《交換》は同じものではあり得ない。したがって、《交換》を前提として生まれる《借り》も、《贈与》とは関わりを持たないと考えられる。

[7] だが、《贈与》と《借り》は、密接に関係している。それは日常生活の経験に照らしあわせて、こう考えてみればわかる。「人は贈り物を受けたとき、お返しをしなくていられるだろうか?」と……。人から何かを贈られたら、相手とのあいだになにがしかの関係がつくられる。そのときに、お返しの義務から逃れることは難しいのである。

[8] 反対に、「贈り物をしたとき、まったく見返りを期待しない。」ということもあまり考えられない。人は相手との関係をつくりたい、あるいは維持したい、そしてその関係から利益を引きだしたいという、なんらかの希望を持って贈り物をする。しかし、そのいっぽうで、人は贈り物をするとき、必ずしも損得を考えるわけではない。これも事実である。贈ったものと釣りあいのとれたお返しを期待す

るわけではないのだ。

[9]また、贈るほうはまったく見返りを期待しない、純粋なプレゼントのつもりでいても、お返しがされた場合、それを拒否することもできない。贈り物をすれば、相手とのあいだに関係がつくられる。相手はその関係にもとづいて、お返しをしてくるからだ。

[10]というふうに考えてくると、《贈与》と《借り》をまったく関わりのないものとして扱うことは無理である。では、このふたつにはいったいどんな関係があるのだろうか？　その関係は、「《贈与》と《等価交換》と《負債》」という組み合わせ、そして「《贈与交換》と《借り》」という組み合わせを考えてみればわかりやすい。

[11]まず「等価交換の原則」が成り立っている社会を考えると、《交換》が等価なかたちで行われなかったときに《負債》が生じる。そして、この《負債》は債務者が借りたものを返済し、《等価交換》が成り立ったところで解消される。また、この場合、《贈与》は《返礼》が義務とされない純粋なものになる。

[12]これに対して、《贈与交換》をもとにした社会では、《等価交換》は目的とされない。《贈与》を受けたほうが《負い目》を感じ、返礼として自らも《贈与》することによって、《借り》を返す。だが、最初の《贈与》に対して、返礼としての《贈与》は等価なものではないので、両者のあいだの《借り》は解消されず、

関係も解消されない。このかたちで《贈与交換》が続いていくのである。

[13] この場合、この両者の関係はつねに対等ではない。ある意味で、それは当然だろう。《貸し》のあるほうが《借り》のあるほうに対して、優位に立つからである。といっても、ポトラッチ[5]のような競争的な《贈与交換》を別にすれば、《貸し借り》は対等ではない関係をつくりだすことだけが目的ではないし、それによって「支配ー隷属」の関係が生みだされるわけではない。時の経過によって、《貸し》のあるほうと《借り》のあるほうが絶えず立場を変えていくので、その意味では両者はむしろ対等である。こうして、人々は《贈与交換》を通じて、お互いに《贈与》を受けたことに感謝しながら、[2]関係を続けていくのだ。この関係はまた[3]お互いに信頼する気持ちがないと成り立たない。

[14] ニーチェは「借りたものを返すことによって、人は約束を守る存在になる。すなわち、責任を持った、信頼される存在になる。」と言ったが、この《贈与交換》における「信頼」はニーチェの言うものとはまたちがったものになる。それは「あらかじめ相手を信頼する」ということだ。「貸したものが返ってきて、初めて相手を信頼する。」、あるいは「借りたものを返して、初めて信頼される存在になる。」のではなく、「相手に贈り物をすれば、きっとそれがなんらかのかたちで返ってくる。」と、返ってくる前から、お互いに相手を信じることなのである。ちなみに、その意味からすると、「債務危機」は、貸したものが将来、相手から返

5 **ポトラッチ** アメリカ大陸北西部インディアン諸族の間にみられる、競争的な贈与の風習。ポトラッチでは、招待客はポトラッチの主催者が用意した大量の贈り物を拒むことができず、後日、より大きな規模の祭宴で返礼することを求められるため、主催者が自分の財力を誇示して対立する相手を屈服させる意味合いが強い。[英語] potlatch

2 「関係を続けていく」とあるが、それはどのような「関係」か。

3 「お互いに信頼する気持ち」とはどのような「気持ち」か。

ってくるとは信じられなくなったことから生じる。それはつまり、相手の未来に対する信頼感を持てなくなったということである。

[15]だが、私たちが目指すのはもっと相手を信頼する社会である。また、相手のほうも私たちを信頼する社会である。与えるほうは、いつかそれが返ってくると信じ、与えられたほうはそれ以上のものを返す。そうして、時によって、《貸し》をつくったり、《借り》をつくったりしながら、関係を続けていく。この関係には終わりがない。こうした信頼関係が続いていく社会を私たちは目指すべきなのだ。自分が何を与えられたかを十分意識し、そのお返しに何を与えるかを考える。その意味で、ひとりひとりが《借り》があることに自覚を持ち、その《借り》に対して責任を持つ社会を目指すべきなのである。

[16]もちろん、こういった信頼をもとにした関係は、現代でも「家族」という制度のなかに残っていて、子どもが小さいときは親が面倒を見て、子どもが大きくなったら、反対に親の面倒を見るというかたちで、《借り》を返すことが行なわれている。あるいは、親に直接返せなかったら、自分の子どもの面倒を見るかたちで次世代に返すということもされている（財産なども、そのかたちで親から子へと受け継がれていく）。それはつまり、個人が生きるための負担を家族の誰かが担い、その《借り》を今度は負担をしてもらった個人が家族の誰かに返すということなのだが、こういった負担を家族がすべて引き受けるのは、負担をするほう

にも、そこで生じた《借り》を返すほうにも辛い。そこで、「その負担を家族の代わりに社会が引き受けたらどうか？」というのが、私たちの提案である。

[17] これは《貸し》と《借り》のやりとりを家族のような個人間の相互依存関係に任せるのではなく、社会のような、もっと広い範囲で行ったらどうかということである。個人間の相互依存関係のなかでは、《借り》が相手を縛ることにもなりかねない。だから、社会という、もっとゆるやかなつながりのなかで、《貸し借り》を行う。つまり、成員のそれぞれが自分の役割を果たすことによって、ほかの人に何かを与え、それを受け取った人は、そのことに感謝をして、その《借り》を返していく。それによって、社会全体の団結が強まっていく。そういった社会をつくったらどうかというのである。自分の能力に応じて《貸し》をつくったり、《借り》をつくったりしながら、お互いに信頼して関係を続けていく社会――私たちはそんな社会を目指すべきなのである。

4 「その負担」とあるがそれはどのような「負担」か。

理解

1 ニーチェは《負債》をどのように考えていたか、まとめなさい。また「ニーチェよりはモースの方が興味深い」（一〇七・1）とあるが、それはなぜか答えなさい。

2 「『等価交換の原則』が成り立っている社会」（一〇八・11）と「《贈与交換》をもとにした社会」（同・15）を比べ、《贈与》と《借り》との関係を整理しなさい。

表現

1 筆者が目指す社会像を踏まえて、現在の資本主義社会に対するあなたの考えを四〇〇字以内で述べなさい。

資本主義と「人間」

岩井《いわい》克人《かつひと》

① フロイト[1]によれば、人間の自己愛は過去に三度ほど大きな痛手をこうむったことがあるという。一度目は、コペルニクス[2]の地動説によって地球が天体宇宙の中心から追放されたときに、二度目は、ダーウィン[3]の進化論によって人類が動物世界の中心から追放されたときに、そして三度目は、フロイト自身の無意識の発見によって自己意識が人間の心的世界の中心から追放されたときに。

② しかしながら実は、人間の自己愛には、すくなくとももうひとつ、フロイトが語らなかった傷が秘められている。だが、それがどのような傷であるかを語るためには、ここでいささか回り道をして、まずは「ヴェニスの商人[4]」について語らなければならない。

③ ヴェニスの商人――それは、人類の歴史の中で「ノアの洪水以前[5]」から存在していた商業資本主義の体現者のことである。海をはるかへだてた中国やインドやペルシャまで航海をして絹やコショウや絨毯《じゅうたん》を安く買い、ヨーロッパに持ちかえって高く売りさばく。遠隔地とヨーロッパとのあいだに存在する価格の差異が、莫大な利潤としてかれの手元に残ることになる。すなわち、ヴェニスの商人が体

岩井克人
一九四七年―。経済学者。東京都生まれ。明晰《めいせき》な論理と軽妙なユーモアで、現代資本主義社会を考察している。主な著作に『ヴェニスの商人の資本論』（ちくま学芸文庫　一九九二年）、『貨幣論』（ちくま学芸文庫　一九九八年）などがある。本文は『二十一世紀の資本主義論』（ちくま学芸文庫　二〇〇六年）によった。

1 フロイト　Sigmund Freud　一八五六―一九三九年。オーストリアの精神医学者。精神分析を創始した。

2 コペルニクス　Nicolaus Copernicus　一四七三―一五四三年。ポーランドの天文学者・聖職者。地動説を発表した。

現している商業資本主義とは、地理的に離れたふたつの国のあいだの価格の差異を媒介して利潤を生み出す方法である。そこでは、利潤は差異から生まれている。

[4]だが、経済学という学問は、まさに、このヴェニスの商人を抹殺することから出発した。

[5]年々の労働こそ、いずれの国においても、年々の生活のために消費されるあらゆる必需品と有用な物資を本源的に供給する基金であり、この必需品と有用な物資は、つねに国民の労働の直接の生産物であるか、またはそれと交換に他の国から輸入したものである。

[6]『国富論』の冒頭にあるこのアダム・スミス[6]の言葉は、一国の富の増大のためには外国貿易からの利潤を貨幣のかたちで蓄積しなければならないとする、重商主義者に対する挑戦状にほかならない。スミスは、一国の富の真の創造者を、遠隔地との価格の差異を媒介して利潤をかせぐ商業資本的活動にではなく、勃興しつつある産業資本主義のもとで汗水たらして労働する人間に見いだしたのである。それは、[❶]経済学における「人間主義宣言」であり、これ以後、経済学は「人間」を中心として展開されることになった。

[7]たとえば、リカード[7]やマルクス[8]は、スミスのこの人間主義宣言を、あらゆる商品の交換価値はその生産に必要な労働量によって規定されるという労働価値説と

3 **ダーウィン** Charles Robert Darwin 一八〇九—一八八二年。イギリスの自然科学者。

4 **「ヴェニスの商人」** シェイクスピア作の戯曲『ヴェニスの商人』をふまえている。

5 **ノアの洪水** 『旧約聖書』によると、神の思し召しによって、ノアとその家族、あらゆる動物の一組のつがいが方舟に乗り大洪水から逃れた。ここでは人類の再出発ほどの意。

6 **アダム・スミス** Adam Smith 一七二三—一七九〇年。イギリスの哲学者・経済学者。『国富論』は一七七六年刊。

❶ 「経済学における『人間主義宣言』」とは何か。

7 **リカード** David Ricard 一七七二—一八二三年。イギリスの経済学者。アダム・スミスと並び評される。

8 **マルクス** 九九ページ参照。

して定式化した。

[8] 実際、リカードやマルクスの眼前で進行しつつあった産業革命[9]は、工場制度による大量生産を可能にし、一人の労働者が生産しうる商品の価値（労働生産性）は、その労働者がみずからの生活を維持していくのに必要な消費財の価値（実質賃金率）を大きく上回るようになったのである。労働者が生産するこの剰余価値――それが、かれらが見いだした産業資本主義における利潤の源泉なのであった。もちろん、この利潤は産業資本家によって搾取されてしまうものではあるが、リカードやマルクスはその源泉をあくまでも労働する主体としての人間にもとめていたのである。

[9] だが、産業革命から二五〇年を経た今日、ポスト[2]産業資本主義の名のもとに、旧来の産業資本主義の急速な変貌が伝えられている。ポスト産業資本主義――それは、加工食品や繊維製品や機械製品や化学製品のような実体的な工業生産物にかわって、技術、通信、文化、広告、教育、娯楽といったいわば情報そのものを商品化する新たな資本主義の形態であるという。そして、このポスト産業資本主義といわれる事態の喧騒《けんそう》のなかに、われわれは、ふたたびヴェニスの商人の影を見いだすのである。

[10] なぜならば、商品としての情報の価値とは、まさに差異そのものが生み出す価値のことだからである。事実、すべての人間が共有している情報とは、その獲得

9 **産業革命**　十八世紀後半に英国で始まった蒸気機関に代表される産業・経済・社会の一大変革。

[2] 「ポスト産業資本主義」とはどのようなものか。

のためにどれだけ労力がかかったとしても、商品としては無価値である。逆に、ある情報が商品として高価に売れるのは、それを利用するひとが他のひととは異なったことが出来るようになるからであり、それはその情報の開発のためにどれほど多くの労働が投入されたかには無関係なのである。

[11] まさに、ここでも差異が価格を作り出し、したがって、差異が利潤を生み出す。それは、あのヴェニスの商人の資本主義とまったく同じ原理にほかならない。すなわち、このポスト産業資本主義のなかでも、労働する主体としての人間は、商品の価値の創造者としても、一国の富の創造者としても、もはやその場所をもっていないのである。

[12] いや、さらに言うならば、伝統的な経済学の独壇場であるべきあの産業資本主義社会のなかにおいても、われわれは、抹殺されていたはずのヴェニスの商人の巨大な亡霊を発見しうるのである。

[13] 産業資本主義——それも、実は、ひとつの遠隔地貿易によって成立している経済機構であったのである。ただし、産業資本主義にとっての遠隔地とは、海のかなたの異国ではなく、一国の内側にある農村のことなのである。

[14] 産業資本主義の時代、国内の農村にはいまだに共同体的な相互扶助の原理によって維持されている多数の人口が滞留していた。そして、この農村における過剰人口の存在が、工場労働者の生産性の飛躍的な上昇にもかかわらず、彼らが受け

取る実質賃金率の水準を低く抑えることになったのである。たとえ工場労働者の不足によってその実質賃金率が上昇しはじめても、農村からただちに人口が都市に流れだし、そこでの賃金率を引き下げてしまうのである。

[15] それゆえ、都市の産業資本家は、都市にいながらにして、あたかも遠隔地交易に従事している商業資本家のように、◆労働生産性と実質賃金率という二つの異なった価値体系の差異を媒介できることになる。もちろん、そのあいだの差異が、利潤として彼らの手元に残ることになる。[3] これが産業資本主義の利潤創出の秘密であり、それはいかに異質に見えようとも、利潤は差異から生まれてくるというあのヴェニスの商人の資本主義とまったく同じ原理にもとづくものなのである。

[16] この産業資本主義の利潤創出機構を支えてきた労働生産性と実質賃金率とのあいだの差異は、歴史的に長らく安定していた。農村が膨大な過剰人口を抱えていたからである。そして、この差異の歴史的な安定性が、その背後に「人間」という主体の存在を措定してしまう、伝統的な経済学の「錯覚」を許してしまったのである。

[17] かつてマルクスは、人間と人間との社会的な関係によってつくりだされる商品の価値が、商品そのものの価値として実体化されてしまう認識論的錯覚を、商品の物神化と名付けた。その意味で、差異性という抽象的な関係の背後にリカードやマルクス自身措定してきた主体としての「人間」とは、まさに物神化、いや人神化の産物にほかならないのである。

労働生産性と実質賃金率

「労働生産性」とは、労働者一人あたりの労働量と、それが生みだした「成果」の比率のこと。つまり、一人の労働者が短時間で多くの「成果」を上げれば、「労働生産性が高い」ことになる。雇用する側からすれば、その労働者がどれだけ利益（儲け）を稼ぎ出したかを判断する指標でもある。「実質賃金率」とは、労働者が受け取った賃金が、実際にどれだけの価値を持つかを示す指標。なぜ「実質」かといえば、インフレなどで物価が上昇すると、いくら数字（名目）の上で受け取る給料の額が上がっても、使えるおカネが増えたことにはならないからである。

合理的に考えれば、労働者が労働生産性を向上させると、その能力が高く評価され、実質賃金率も上昇するはずである。しかし、現実にはそうならないことも多い。

[18]差異は差異にすぎない。産業革命から二五〇年、多くの先進資本主義国において、無尽蔵に見えた農村における過剰人口もとうとう枯渇してしまった。実質賃金率が上昇しはじめ、もはや労働生産性と実質賃金率とのあいだの差異を媒介する産業資本主義の原理によっては、利潤を生みだすことが困難になってきたのである。あたえられた差異を媒介するのではなく、みずから媒介すべき差異を意識的に創りだしていかなければ、利潤が生み出せなくなってきたのである。その結果が、差異そのものである情報を商品化していく、現在進行中のポスト産業資本主義という喧噪に満ちた事態にほかならない。

[19]差異を媒介して利潤を生み出していたヴェニスの商人――あのヴェニスの商人の資本主義こそ、まさに普遍的な資本主義であったのである。そして、「人間」は、この資本主義の歴史のなかで、一度としてその中心にあったことはなかった。

3 「これ」とは何をさすか。

理解

1 資本主義の特徴とはなにか、本文の言葉を用いて説明しなさい。

2 資本主義はどのように変化していったのか、順を追って整理しなさい。

表現

1 「人間の自己愛には、すくなくとももうひとつ、フロイトが語らなかった傷が秘められている」（一一二・6）とあるが、どのような「傷」か、説明しなさい。

第6章

近代化の経験

論点をつかむ

近代化の経験は、人々の暮らしを大きく変えていくものでした。デカルトに代表される**近代合理主義**の思想は、伝統的な社会の権威を批判し、理性を持った人間による民主的な社会のしくみを作り上げる原動力となっていきます。しかし、そのプロセスは、いちはやく近代化を成し遂げた西洋諸国が、世界の各地に植民地を作り、現地の人々を支配していく動きとも並行していました。「進んだ文明人である我々」と「遅れた野蛮人である彼ら」という**西洋中心主義的**な歴史認識は、「**西洋化**」こそが進歩なのだ、という考え方を生み出していきます（**論点⑯**）。

明治時代以後の日本は、その考え方を受け入れた典型的な国家でした。日本は西洋諸国の政治や社会・文化のあり方を輸入し、模倣することで、近代化の階段を駆け上がっていきます。「**西洋化＝近代化**」のもたらした急激な変化が、それ以前の日本社会を見直すきっかけとなったことも事実です。「日本とは何か？」というアイデンティティをめぐる問いは、他者である西洋との比較から日本を考える、**日本文化論**の発想につながっていきます（**論点⑰**）。また、近代の負の側面に対する反省は、「西洋化＝近代化」を「善」とする発想自体を相対化し、多様な価値観の共存を目ざす**ポストモダン**の思想を生み出す土壌となりました。

例えば、学校も、時間割も、すべて近代化の産物です（**論点⑱**）。近代を論じる評論文は、私たちの思考や発想が、いかに近代的なものの見方・考え方にとらわれているかを教えてくれます。近代化の経験を振り返ることは、私たち自身を見つめ直すことにつながっているのです。

1・西洋の近代化

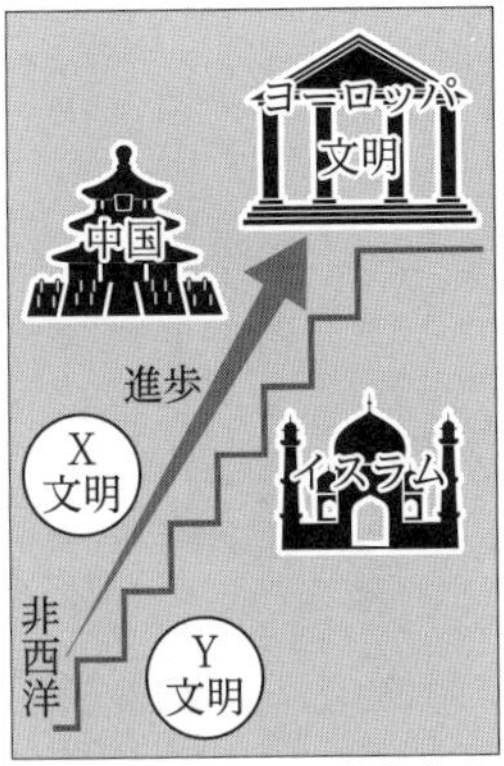

西洋の文明のみが特権化され、人類の普遍的な目標と見なされる

2・日本の近代化

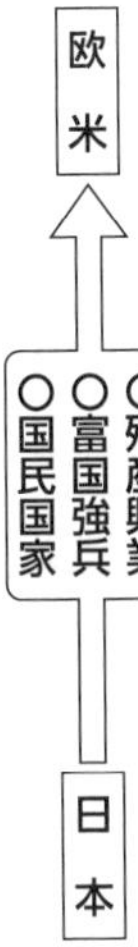

3・「近代化」を見直す

自文化中心主義（西洋中心主義）

↕

文化相対主義……それぞれの文化に絶対的な優劣はなく、差異（別様の価値）があるだけと考える。

多文化主義……ひとつの国や社会のなかに異なった文化を積極的に認める。

- **西洋中心主義の相対化**……理性や科学の偏重への批判
- 「進歩」という**「大きな物語」**の終焉（リオタール）
- 非西洋社会の文明や文化の見直し（レヴィ・ストロース）

→**「ポストモダン」の思想**

覚えよう！ 人物とキーワード

【福沢諭吉】 一八五五－一九〇一年。明治時代を代表する啓蒙思想家。西洋文明に学び、日本の自立のための近代化を主張した。ここでは、福沢の名前と、彼が提唱した合理主義や「日本／西洋」の対比に基づく思考の仕方を、「近代化」のキーワードとして押さえよう。

▼合理主義 人間の自由な理性にもとづくものの見方・考え方を重視する立場。近代社会を基礎づけた思想だが、自然を征服すべき対象と見なすなど、問題の指摘も多い。

▼二項対立 ものごとから二つの対になる要素を取り出して、対比的に考えていく方法。逆に、あらゆることを一つの真理から導こうとする立場を一元論という。

▼ポストモダン 「ポスト」は「～の後」の意。西洋中心主義的な近代化がもたらした問題を批判し、現代を「理性」「普遍」などの「大きな物語」が失われた時代と考える。評論文では、近代の価値観が人々の間で自明視されていくプロセスがしばしば取り上げられる。

近代ヨーロッパの歴史的経験

福井《ふくい》憲彦《のりひこ》

[1] 一九世紀から二一世紀の現在にいたる、この二世紀あまりの時代は、数百年後に人類がまだ生存しているとすれば、おそらく大きな人類史的あるいは文明史的転換点にあった、と見なされる可能性がおおいにあると思われる。ちょうど前七〇〇〇年紀に旧石器[1]から新石器[2]への転換がおこったころ、人類が農耕技術を身につけるようになったということから、その変化は新石器革命とか食糧生産革命と呼ばれたりしている。狩猟採集のみに依拠した生活から、農耕や畜産で食糧をみずから生産できるようになったことは、人類史からすればきわめて大きな、根本的な生存条件の変化であった。おなじように、と言い切ってよいかどうかは今後の検討課題であろうが、一九世紀のヨーロッパに端を発したこの二世紀来の変化は、人類史にとってきわめて大きな生存条件の変化であった。

[2] すなわち、大規模な機械制の工場生産を基軸とした産業文明の発展と膨張のなかで、各地・各国の関係は限定的なものを決定的に超えでて、その質量ともに地球規模の構造をもったものへと拡張してきた。人・もの・情報の移動や流通は、実用レベルでの科学技術の驚異的な発展を基盤として、量的にも速度のうえから

福井憲彦
一九四六年—。歴史学者。フランスを中心とした西洋近現代史を専門とする。主な著作に『時間と習俗の社会史』（ちくま学芸文庫　一九九六年）、『歴史学入門』（岩波書店　二〇〇六年）などがある。本文は『近代ヨーロッパ史』（ちくま学芸文庫　二〇一〇年）によった。

1 **旧石器**　世界史上の時代区分の一つ。人類による打製石器の使用が始まった時代で、およそ二〇〇万年ほど前から紀元前八五〇〇年頃をさす。

2 **新石器**　世界史上の時代区分の一つ。旧石器時代の打製石器よりも精巧な磨製石器などが使用されるようになり、人類が狩猟から農耕を主体とした生活に移行した、紀元前八

も、かつて人類が経験したことのないレベルにまで達してきているのが現状である。

③機械生産技術にしても、交通や移動の技術にしても、電気通信技術にしても、あるいはまた遺伝子組み換えや各種バイオ[3]技術にしても、科学技術基盤の根本的な変化は、加速度的な状況を呈している。こうしたなかで、社会経済を維持していくうえでの基軸には、どのような変化❶が生じているのであろうか。人類史における基軸は、新石器革命以来ながらく農業経済にあったわけであるが、それが「長い一九世紀」を通じて機械制工業を中心とした産業経済へと転換した。さらにそれは現在、科学技術基盤の根本的な変化と照応して、知識情報文明とでもいえるような社会への転換を来している。いわゆる知識基盤社会の到来、といわれている現象である。

④もちろんここでいう知識とか知識情報とは、金融情報や市場知識などを含めた広い意味でのそれである。知識基盤社会といっても、食糧生産やものづくりが重要であることは、いくら時代が変化しても人はものを食し、身に何かをまとわずには生きられないのであるから、当然至極である。しかし社会経済の基軸が、知識情報へとシフトしつつあるのではないか、ということである。

⑤大量生産・大量消費をもたらした産業文明の時代は、その構成要員であると見なされたそれぞれの国民国家が、地球規模で覇を競い合う時代でもあった。個々

五〇〇〇年頃以降の時代をさす。

3 **バイオ**　生命の。生物学的な。［英語］bio

❶「変化」とはどのような変化か。

の国家がいわば虎視眈々《こしたんたん》と弱肉強食をねらうような状況がもたらされ、それが文明化の使命といった僭越《せんえつ》至極な言説によって正当化される、という時代であった。そうした産業文明下における覇権抗争をともなった地球の一体化、世界のグローバル化[4]は、二〇世紀を未曽有《みぞう》の戦死者を生み出すような戦争の世紀にしてしまった。しかもそこからわれわれは依然として脱却できていない、というのが現実である。近代ヨーロッパの「長い一九世紀」は、科学技術の全面的な発展をはじめ、さまざまな可能性をわれわれの時代にみちびく起点を画した、というのも現実であるが、他方では、工業化以後のとんでもない大量殺戮《さつりく》の時代を開いてしまった、というのも現実である。

⑥科学技術の進歩だけでなく、合理的発想の展開や自由と平等という普遍的理念の確立、あるいは各種の芸術的創造の広がりといった、ポジ[5]の面から、近代ヨーロッパを一方的に称揚することはできない。しかしさりとて、エコロジー[6]に反した資源の浪費や植民地支配の残虐性、殺戮兵器の開発といったネガ[7]の面だけに焦点をあわせて、近代ヨーロッパ批判をすませた気になるという愚行をも、避けなければならない。

⑦同時代のどのような社会についてであっても、なにか一色で特徴づけて分かった気になるのは愚かであろう。十人十色《じゅうにんといろ》というだけではなくて、さまざまな、一見すると矛盾している、あるいは相反している側面をあわせもっているのが、ど

4 **グローバル化**　社会的・経済的な活動が、特定の国家や地域を越えて地球規模にまで拡大していく傾向・現象。グローバリゼーション。［英語］globalization

5 **ポジ**　ポジティブ（［英語］positive）の略。写真撮影において、フィルム上に被写体の明暗が反転していない「陽画」が写るタイプのフィルム。転じて、物事の良い面、悪い面のうち、良い面のことをさす。

6 **エコロジー**　厳密には、生物と環境の関係を研究する生態学をさすが、一般には、自然環境を保全することを目指したさまざまな思想や活動を意味する。

7 **ネガ**　ネガティブ（［英語］negative）の略。「ポジ」の対義語。物事の悪い面。

のような社会であれ実状である。日本人論といった類いの議論が、ときに刺激的ではあってもしばしば胡《う》散《さん》臭いのは、そのゆえである。

⑧歴史的過去を捉えようとする場合にも同様で、[2]いくつもの視点から多角的に捉えてみることが必要なのであるが、近代ヨーロッパのように多様な側面が連動して変化しはじめていった時代の動きを捉え、現在へのかかわりを考えてみようとすれば、多元的なまなざしをしっかり据えてみることは、とりわけ不可欠の態度といってよい。変化の[8]メイントレンドとは矛盾する、あるいは対立しあう諸側面を内包させながら、それが全体として社会の豊かさにつながる、ということもある。いや、それは寛容的抑圧にすぎない、という議論も場合によってはありえよう。さまざまな面について、検討すべきことは少なくない。近代ヨーロッパが生み出し、現在の世界にも取りついて離れない難題[9]ナショナリズムなども、その一例であろう。

⑨ヨーロッパの覇権に終止符を打った第一次世界大戦は、ヨーロッパの国々に、そして大戦を生き延びた人々の多くに、強い衝撃を残した。しかもヨーロッパは、その直後においてまたしても、[10]ナチスなど全体主義勢力の台頭を抑えることもできず、再度大戦争の悲劇へと進んでしまった。こうした苦々しい経験から、しかしまたヨーロッパ諸国は、二〇世紀後半において独仏を中核とした[11]欧州連合の形成という、新たな模索を開始して、現在のような拡大した欧州連合にいたってい

[2] 「歴史的過去を捉えようとする場合にも同様」とはどのようなことか。

8 **メイントレンド**　主な傾向・思潮。［英語］main trend

9 **ナショナリズム**　民族主義。国民主義。［英語］national-ism

10 **ナチス**　ナチス・ドイツのこと。民族主義と反ユダヤ主義を掲げたアドルフ・ヒトラーを党首とするドイツの政党の通称。

11 **欧州連合**　ヨーロッパ連合（European Union）。一九九一年のマーストリヒト条約で設立が合意された、経済・通貨統合の実現、共通の外交・安全保障政策の設定などを中心とするヨーロッパ地域の統合体。略称はEU。

る。一九世紀以来の国民国家間の覇権抗争からは、想像すら困難だった展開である。またグローバル時代には、一国単独主義では世界平和への枠組作りもできないばかりか、国際協調にもとづく新たな世界秩序の模索もむずかしいことを、ヨーロッパの歴史的経験は語りかけている。

[10]もちろん、欧州連合の形成と展開には、冷戦や経済競争の問題をはじめ、グローバル時代の世界政治あるいは世界経済における主導権争いといった、同時代の諸問題が関係している。しかしまた、欧州連合の枠組が重視されることは、一国単独主義やナショナリズムの殻への後退を廃して、歴史的過去への反省や新たな未来への希望を共有する基盤にもなっている。

[11]たとえば、第一次世界大戦において独仏両軍が正面からぶつかり合った激戦地[12]ヴェルダン。そこには、現在、世界平和研究所が設置されているが、その展示や研究、平和活動は、[3]フランスを特権化したものではない。このヴェルダン周辺には、かつての激戦の跡がいまでも戦跡として保存公開され、戦闘に倒れた兵士たちへの記念墓地も大小多く存在している。それらの戦跡をこんにち訪ねて印象的なのは、かつては自国兵士たちへの追悼、顕彰が主であったのが、現在では国籍を問わず戦争に倒れたすべての兵士たち、市民たちへの追悼が明確にされている、ということである。

[12]別の例をみてみよう。フランスのノルマンディ海岸にあるアロマンシュという

12 **ヴェルダン**　フランス北東部の要塞都市。一九一六年二月二一日、要塞に攻め入ったドイツ軍とフランス軍が衝突し、両軍合わせて七万人以上の犠牲者を出すに至った、第一次世界大戦有数の激戦地。

3　「フランスを特権化したものではない」とはどのようなことか。

ところでは、第二次世界大戦終結に大きな位置を占めたノルマンディ上陸作戦[13]記念の式典が、毎年おこなわれている。二〇〇四年六月、その六〇周年の式典が実施されるにあたって、フランスは当時のドイツ首相シュレーダー[14]をはじめて公式に招待し、シュレーダーもこれに応えて出席した。この記念式典は、愛国的な勝利の式典としてではなく、戦争の犠牲を追悼し記憶する義務を世界に訴える機会とする、と位置づけられた。当時のフランス大統領シラク[15]は、こう演説している。

[13]「ここ数十年来、かつて争いあった敵同士が、共同で現在を築きつつあります。両者はともに未来を見つめています。歴史に、戦士たちに、苦しみに、流された血に、敬意を表しつつ、私たちはともに平和と民主主義の勝利を祝います。フランスとドイツの和解は、世界の模範となるに違いありません。憎しみのなかに未来はないことを、誰もが理解することになるでしょう」。

[14]ここには、もちろん政治的パフォーマンスという性格もあるには違いない。しかしアジア太平洋地域における日本政治の現状を考えるとき、そのようにだけいってすますわけにもいかないのではなかろうか。歴史的過去との接し方、かつて対立しあった他国・他地域との接し方において、学ぶべき要素はないか。

[15]一国単独主義とは決別しつつある欧州連合の政策も、しかし各国内での支持という点からするとわずかな多数派でしかないことが多い。自国中心主義的な考え方からは脱却をはじめているかにみえるヨーロッパでも、しかし、その自文化中

13 **ノルマンディ上陸作戦**　第二次世界大戦中の一九四四年六月六日に実行された、連合国によるドイツ占領下のフランスへの侵攻作戦。二百万人の連合国兵士がドーバー海峡を渡ってノルマンディ海岸に上陸、ドイツ軍との激しい戦闘を繰り広げた。

14 **シュレーダー**　Gerhard Fritz Kurt Schröder　一九四四年―。ドイツ連邦共和国首相として、一九九八年から二〇〇五年まで在任した。

15 **シラク**　Jacques René Chirac　一九三二―二〇一九年。フランス大統領として、一九九五年から二〇〇七年まで在任した。

心的なものの見方は、依然として払拭されてはいないようにもみえる。それだけ、近代ヨーロッパからの文化的遺産は強固で、自分たちにとっての橋頭堡《きょうとうほ》[16]だと、肯定的に捉えられているのだともいえる。明治以降、脱亜入欧を掲げ、ヨーロッパ諸国に倣って殖産興業・富国強兵を政策方針とした近代日本の歴史を考えなおしてみるにおいても、近代ヨーロッパ自体の光と陰を、日本人各自がしっかり認識してみることが、前提として必要なことだと私自身は考えている。

16 **橋頭堡**　橋などの戦略的な拠点の防衛を目的として、その近くに築く堡塁（石やコンクリートなどで構築された陣地）。転じて、物事に着手するときの足がかり。よりどころ。

理解

1「人類史にとってきわめて大きな生存条件の変化」（一二〇・10）とあるが、その内容を整理しなさい。

2「近代ヨーロッパ自体の光と陰」（一二六・5）とはどのようなものと筆者は考えているか、説明しなさい。

表現

1 本文をふまえて、自国と他国の歴史的過去との接し方について自分の考えを四〇〇字以内でまとめてみよう。

日本文化の空間意識

加藤周一《かとうしゅういち》

[1]西洋はながい間中国を知らなかった。日本は中国文化の強い影響を受けながら、左右相称志向を受け入れなかった。もちろん中国モデルで京都を作ったときには、モデルの左右相称性が京都にも移された。「洛中洛外」[1]などという表現にもそのことはあらわれている。大陸のモデルに従わない日本の町が碁盤目状の道路を持つ例は、おそらく一つもない（大坂、江戸）。法隆寺[2]を例外として、大きな仏教寺院の伽藍《がらん》[3]配置も同じ大陸モデルに従っている。一例を挙げれば、四天王寺[4]（六世紀末から七世紀にかけて聖徳太子[5]が造営したとされる）では、真中の軸線上に中門・塔・金堂・講堂をならべ、中門と講堂をつなぐ回廊が塔と金堂をかこい込む。日本の伽藍配置にもいくつかの型があるが、いずれも左右相称であるのは、大陸の寺院の例を模倣したからである。神社の建築は、仏教寺院のそれの影響を受けて成り立った。しかし、それは寺院の忠実な模倣ではなく、一種の「日本化」である。そこでは境内の建物の配置に、仏教寺院の場合のような厳密な左右相称性はない。「日本化」は常に相称性を排除する方向へ進むのである。

[2]中国文化の強い相称性志向の背景に陰陽の二分法があったとすれば、それとは

加藤周一
一九一九―二〇〇八年。文芸評論家・作家。東京都生まれ。古今東西の文化・思想や人々を理知的な文体で縦横に語り、広い層から大きな支持を得た。主な著作に『日本文学史序説』上・下（ちくま学芸文庫　一九九九年）、『私にとっての20世紀』（岩波現代文庫　二〇〇九年）などがある。本文は『日本文化における時間と空間』（岩波書店　二〇〇七年）によった。

1 **洛中洛外**　平安京における地域の呼称。中国・洛陽城にちなんで、平安京の京域内を「洛中」、その外縁一帯を「洛外」と呼んだ。

2 **法隆寺**　奈良県生駒《いこま》郡斑鳩《いかるが》町にある聖徳宗の総本山。現存する世界最古の木造建築。

対極的な日本文化の非相称性強調の背景には何があったか。街道に沿って発展した町、農家から武家屋敷までの建築の平面図、桂離宮の建物と庭、茶室とその周辺の美学、――そのどこにも相称性を含まない空間の秩序は、どういう文化的特徴を条件として成り立ったのか。

[3] 日本語の定型詩が対句を用いるのはきわめて稀である。詩論、すなわち平安時代以後、殊にその末期に[6]俊成《しゅんぜい》・定家《ていか》父子《おやこ》を中心として行われた「歌論」が対句に触れることもない。その理由は比較的簡単で、要するに日本では[7]『古今集』以来極端に短い詩型（いわゆる「和歌」）が圧倒的に普及したからである。音節の数では和歌（三一）は五言絶句（二〇）よりも多いが、語数では和歌の方が少なく、対句を容《い》れることはほとんど物理的に不可能である。しかも後には連歌から「俳句」が独立して和歌（または短歌）に加わる。俳句はおそらく世界中でも最短の詩型の一つであろう。俳句はそれ自身が一句だから、対句は問題にならない。[8]『万葉集』の時代には「長歌」もあったし、[9]『梁塵秘抄《りょうじんひしょう》』の時代には「今様」もあった。しかしそのどちらにも二行を一組として扱う対句の多用はみられない。『万葉集』の長歌の技法には、相称的な形容句を重ねて用いる修辞法が含まれるが、その場合にも相称的表現が作品全体の構造に決定的な

3 **伽藍** 寺院など、僧侶が集まり住んで仏道修業する建築物。
4 **四天王寺** 大阪市天王寺区にある寺。

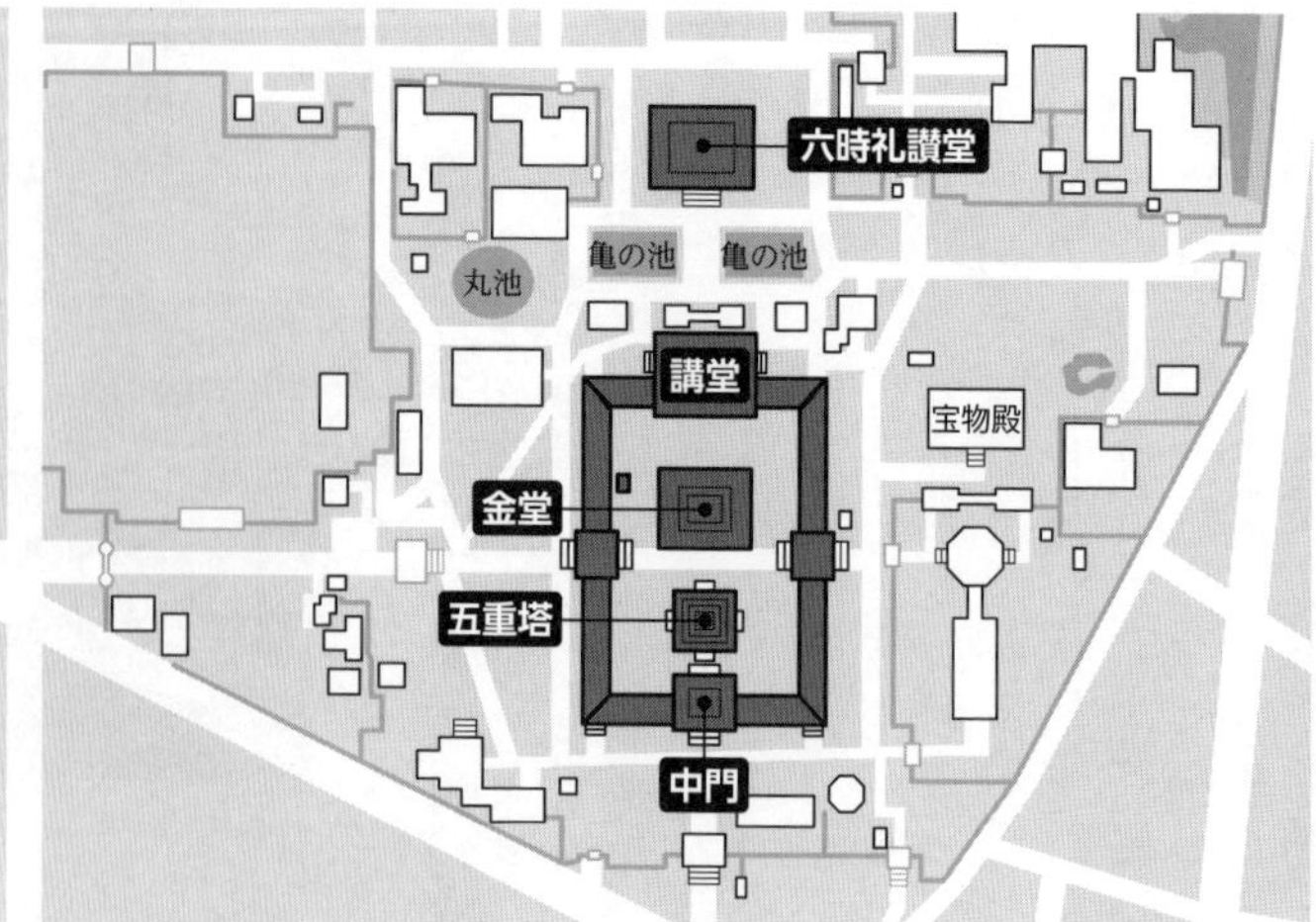

◀四天王寺伽藍配置図

役割を果たしたわけではない。今様は四行の歌詞である。その二行が中国風の対句を作る例は、現存する本文に関するかぎり、ほとんどない。要するに極端な短詩型の支配は、左右相称の言語的表現を排除したと思われる。

[4] しかしそのことは造形的表現における相称性への抵抗を説明しない。抵抗の背景は、あたえられた空間の分節化・構造化の過程が、全体の分割ではなく、部分からはじめて全体に到る積み重ねの強い習慣であるのかもしれない。別の言葉でいえば、「建増し」主義。建増しは必要に応じて部屋に部屋をつないでゆく。その結果建物の全体がどういう形をとるかは作者の第一義的な関心ではない。一七世紀前半の武家屋敷では、途方もなく複雑な形をとる。あれほど複雑な平面図があらかじめ計画されていたとは考えられないだろう。建増しの結果は複雑なだけではなく、優美で調和的な全体でもあり得る。たとえば[10]桂離宮。しかし左右相称は全体から出発することを求める。二等辺三角形は三つの頂点の位置関係の全体によって決まるので、その三点に石を置くか、三人の人物を配するかは、各点(部分)の性質とは係わらない(全体から部分へ)。部分から全体への建増し主義が左右相称に偶然行き着くことはあり得ないだろう。それは処理すべき空間の大小に係わらない。把手は襖《ふすま》の部分、襖や棚は書院の部分、書院は建物の、建物は庭園の部分である。部分と全体の関係は遍在し、部分が全体に優先する――細部は全体から独立してそれ自身の形態と機能を主張する。それが非相称的美学の背

5 **聖徳太子** 五七四―六二二年。推古天皇の摂政皇太子。厩戸《うまやど》皇子《おうじ》とも呼ばれる。「聖徳」は、死後の尊称。実在を疑う説もある。

6 **俊成・定家父子** 歌人・藤原俊成(一一一四―一二〇四年)と、その子・藤原定家(一一六二―一二四一年)のこと。俊成は『千載和歌集』の撰者を、定家は『新古今和歌集』『新勅撰和歌集』の撰者を務めるなど、歌人・歌学者として知られた。

7 **『古今集』** 『古今和歌集』。醍《だい》醐《ご》天皇の命により、九〇五年に紀貫之《きのつらゆき》らが編んだ最初の勅撰和歌集。

8 **『万葉集』** わが国に現存する最古の歌集。編者・成年未詳。二十巻、約四千五百首を収めている。長歌は、和歌の形式の一つで、五音句と七音句を交互に連ね、最後に七音句を繰り返して結ぶもので、その長さに決まりはない。

9 **『梁塵秘抄』** 平安末期の歌謡集で、一一六九年頃に成立し

景にある世界観であろう。その世界観を時間の軸に沿ってみれば「今」の強調であり、空間の面からみれば「ここ」、すなわち眼前の、私が今居る場所への集中である。時間および空間の全体を意識し、構造化しようとする立場に立てば、相称的美学が成り立つ。相称性は全体の形態の一つだからである。時空間の「今＝ここ」主義を前提とすれば、それ自身として完結した部分の洗錬へ向かうだろう。

[5]山国の「自然」にも間接の役割があるかもしれない。この国にはアジア大陸の広大な沙漠や草原がない。人は谷間や海岸の狭い平地に住み、大きな町は四方または三方を山脈にかこまれた盆地に発達する。風景はどの方向を眺めるかによって異なり、日常生活の空間があらゆる方向に均質に広がってはいない。京都の[11]東山と西山の山容はちがう。北山と南に開ける平野とは地形が異なる。深い杉の林の斜面と大小の河川が海に注ぐデルタ地帯。ここに「自然」の相称性は全くない。自然的環境は左右相称性よりは非相称性の美学の発達を促すだろう。

[6]社会的環境の典型は、水田稲作のムラである。労働集約的な農業はムラ人の密接な協力を必要とし、

たとされる。後白河《ごしらかわ》上皇撰。「今様」は、平安時代後期に流行した歌謡で、「当世風」の意。七五調四句から成るものが多く、白拍子などの当時の歌舞に合わせて歌われた。

10 桂離宮　京都市西京区にある離宮。

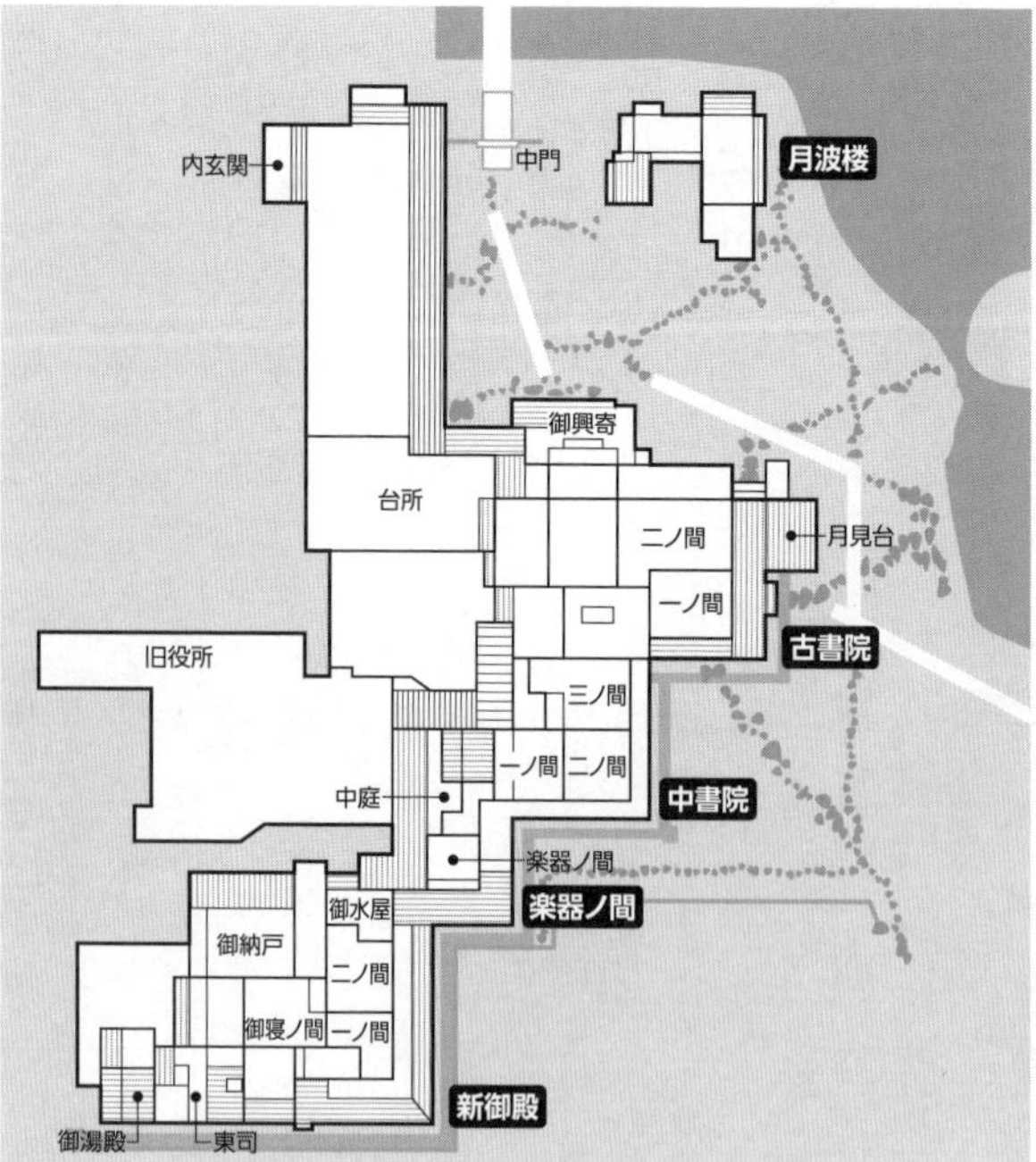

◀**桂離宮平面図**

協力は、共通の地方神信仰やムラ人相互の関係を束縛する習慣とその制度化を前提とする。この前提、またはムラ人の行動様式の枠組は、容易に揺らがない。それを揺さぶる個人または少数集団がムラの内部からあらわれれば、ムラの多数派は強制的説得で対応し、それでも意見の統一が得られなければ、「村八分」[12]で対応する。いずれにしても結果は意見と行動の全会一致であり、ムラ全体の安定である。

[7] これをムラの成員個人の例からみれば、大枠は動かない所与である。[1]個人の注意は部分の改善に集中する他はないだろう。誰もが自家の畑を耕す。その自己中心主義は、ムラ人相互の取り引きでは、等価交換の原則によって統御される。[2]ムラの外部の人間に対しては、その場の力関係以外に規則がなく、自己中心主義は露骨にあらわれる。このような社会的空間の、全体よりもその細部に向かう関心がながい間に内面化すれば、習いは性《さが》となり、細部尊重主義は文化のあらゆる領域において展開されるだろう。空間の構造化は、全体を分割して部分に到《いた》るのではなく、部分を積み重ねて全体を現出させる。建増し過程のそれぞれの段階にそれぞれの全体像がある。建物の全体が部分を意味づけるのではなく、全体に係わらずに細部はそれ自身で完結した意味をもつのである。そこから非相称的空間の美学までの距離は遠くない。ヴェルサイユ[13]の庭にとって決定的なのは、全体の整然たる見透しであり、その建物にとって重要なのは、中央部と左右両翼の均衡で

11 **東山と西山**　それぞれ京都盆地の東西に位置する山々。

12 **村八分**　江戸時代以降、村落で行われた住民間の私的制裁行為で、村落の掟に背いた人間に対し、一切の交流・支援をしないこと。「八分」は、火事と葬式の二つにおいてはその制裁を緩めたことに由来するとされる。

1　「個人の注意は部分の改善に集中する他はない」のはなぜか。

2　「ムラの外部の人間に対しては……自己中心主義は露骨にあらわれる」のはなぜか。

13 **ヴェルサイユ**　ヴェルサイユ宮殿。一六八二年にフランス王ルイ一四世が建築した宮殿。

桂離宮の廻遊式庭園

ある。桂離宮の廻遊式庭園において決定的なのは各部分の風景の多様性であり、建物の魅力は部屋ごとに異なる内装の細部と窓の眺めである。この対照的な相違の背景は、思考と感受性の型のちがいであり、そのちがいは遠く自然的および社会的環境のちがいに、少なくともある程度まで由来するのであろう。しかしそれだけではない。

[8] 非相称性の美学が洗練の頂点に達するのは、茶室の内外の空間においてである。その時期はおよそ一五・一六世紀の内乱の時代（戦国時代）と重なっていた。なぜだろうか。内乱は多くの町を物理的に破壊したばかりでなく、社会秩序を破壊し、権力を分散させた。九州から東北地方に及ぶ各地域に武士団が割拠し、対抗し、その全体を統御する経済的・軍事的力は、もはや京都の公家《くげ》にも武士権力（幕府）にもなかった。ムラ社会全体の極度の安定が人の注意を細部に向けたとすれば、武家社会の全国的な流動性（「下剋上《げこくじょう》」と内乱）、その全体の秩序の極度の不安定も、社会的環境の全体からの脱出願望を誘うだろう。ムラの安定性が用意した心理的傾向（mentality）は、全国的内乱の不安定性によって強化される。それは必ずし

も因果関係ではないが、武士の頭領たちが権謀術数の世界から逃れて茶室の静かな空間へ向かう傾向を援《たす》けたにちがいない。その空間は自然と歴史に抗して左右均衡の構造を主張するのではなく、自然の中で時間の移りゆきに従いながら細部を限りなく洗錬する。大きな自然の小さな部分としての庭、その中へ吸いこまれるように軽く目立たない茶亭、その内部の明かり取りの窓、窓の格子に射す陽ざしが作る虹、粗壁の表面の質と色彩、茶道具殊に茶陶[14]、その釉薬《うわぐすり》[15]がつくる「景色」の変化……。そこには相称的な構造を容《い》れる余地が全くない。そこにあるのは非相称的空間であり、その意識化としての反相称的美学である。意識化(prise de conscience)は一五世紀の村田珠光《むらたじゅこう》[16]にはじまり、一六世紀の千利休《せんのりきゅう》[17]に到って徹底し、いわゆる「侘《わ》[18]びの茶」の体系として完成する。これは一種の美学革命である（その思想的背景は禅）。その後の日本美術への影響は、広汎で深い。

14 **茶陶** 茶の湯に用いる陶器。
15 **釉薬** 素焼きの陶磁器の表面にかける、ガラス質の粉末を混ぜた溶液。釉薬《ゆうやく》。
16 **村田珠光** 一四二三―一五〇二年。室町時代中期の僧。禅の思想を加味した茶法で、侘び茶の端緒を築いた。
17 **千利休** 一五二二―九一年。安土桃山時代の茶人。侘び茶を大成した。
18 **「侘びの茶」** 侘び茶。茶道の一形式。簡素な茶室の静謐《せいひつ》な環境のもと、精神的な充足を得ることを目指した。

理解

1 本文中の中国文化・西洋文化における空間の美学と、日本文化における空間の美学にはどのような違いがあるか、対比的に整理しなさい。

2 「ムラ社会全体の極度の安定が……を誘うだろう。」（一三二・15）とあるが、そう言えるのはなぜか、説明しなさい。

表現

1 日本文化の中から関心を持っている事例を取り上げ、その特徴を他国文化と比較してみよう。

異文化としての子ども

本田《ほんだ》和子《ますこ》

[1]子どもの大群が、どこからともなく一斉に現れ、ワーッと駆け出して、画面からあふれ出す。そんな映画の一シーンがあった。ただ、それだけのことなのだが、不気味な戦慄に身体の奥深くが震えたことを思い出す。

[2]無数の小さなものたちがワヤワヤと無方向に動き回る姿は、ゆえもなく私どもの肌に粟《あわ》を生じさせ、なにがなし不安と焦燥を感じさせたりする。そして、ばらばらと散らばった子どもたちの勝手な動きも、時として同じような印象を引き起こさせることがある。無方向、無計算に跳びはねる生気あるものは、私どもをなぜか脅かす力を持つらしい。

[3]例えば、小学校の休み時間、授業終了のベルとともに、解放された子どもたちが教室からあふれ出してくる。とたんに学校中が跳びはねる小悪魔で充満し、整然とした校内の空気は騒擾《そうじょう》[1]の渦に巻きこまれてにわかに混沌《こんとん》[2]の相を呈する。大人たちは、なんとなく手も足も出ない思いで、始業のベルを心待ちにするだろう。ベルが鳴りさえすれば、時間割という枠の中に彼らをはめこみ、強引に手綱を引きしぼって、とにかくにも、一定の時間はひとまとめにしておくことができる

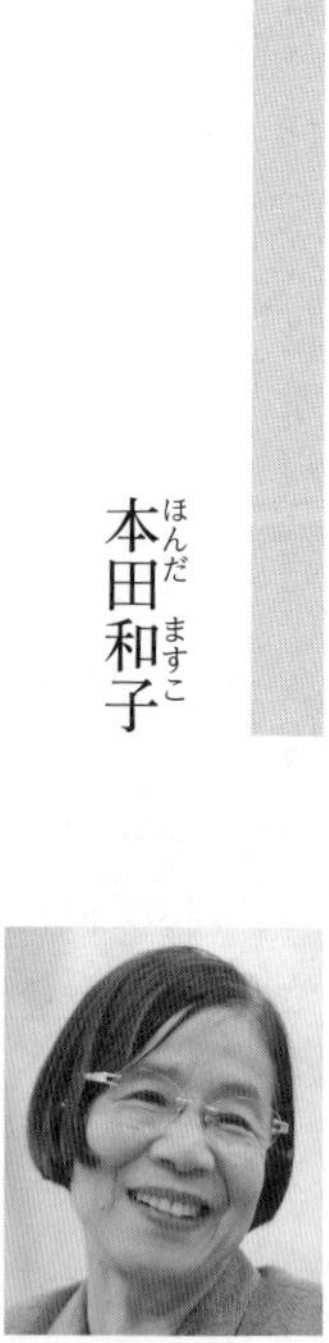

本田和子
一九三一－二〇二三年。児童文化研究者。新潟県生まれ。少女論を基軸に、子どもをめぐる文化について問題を提起している。主な著作に『少女へのまなざし』（日本放送出版協会　一九九三年）、『女学生の系譜・増補版――彩色される明治』（青弓社　二〇一二年）などがある。本文は『異文化としての子ども』（ちくま学芸文庫　一九九二年）によった。

1 **騒擾**　集団で引き起こされた騒ぎ。

2 **混沌の相**　入り交じって無秩序なありさま。

のだから。

④自由に、エネルギッシュに動き回る子どもたちの活力を、私どもが時として肯定し得ず、逆に一抹の不安すら抱かされて、早く制御しようといらだつのは、なぜなのだろうか。彼らがあまりにも自然に「ばらばら」でありすぎ、統一などというものと徹底して無関係に見えるとき、私どもの日常的秩序の感覚は、ひそかに危惧の念を抱く、とでもいうのだろうか。

⑤それに、子どもたちの言動は、私どもの目に、あまりにも気まぐれで不可解に見える。例えば、いま泣いていた子どもが、もう笑っている。昨日まで大好きだった玩具が、今日はもう捨てられている。野球選手志望者が、突如、宇宙飛行士の候補者に変貌する。

校庭（ロベール・ドアノー撮影）

彼らの見事なまでの非連続性、終始、首尾の一貫を欠く振る舞い方は、大人たちをあきれさせ、失望させ、時には怒らせることもある。子どもとは、なんと了解困難な、意味不明の存在であることか。

⑥幼児の遊びを観察していた大学生が、自身の記録を読み返して首を傾けた。心を動かされ、おもしろさにわくわくしながら記録したはずなのに、改めて読み直すと、あまりにも統一を欠き、意味不明である、と。

⑦例えば、砂場で山を築いていた男児の一人が、突然、木の板をたたき始める。と、もう一人も、一緒になって木の板をたたきながら、「雨だ、雨だ。」先の子どもも声をそろえて、「雨だ、雨だ。」二人は板を打ち鳴らしながら、「雨だ、雨だ。」とあたりを駆け回る。こんな経過が熱中した筆づかいで記録されているのだが、このとき、観察者である自分は何に魅され、何を了解したというのだろうか。

⑧あるいは、「ままごと[3]」のゴザの上を消防署に見たてて、たむろしていた子どもたちが出動した。「火事だぞー。」と。一歩おくれて、後から駆け出した一人が、歌うように口にする言葉は、「早く早く、急いでいいもの買ってこよう。」この小さな消防署員は、消火活動に出動するのだろうか。それとも、おやつでも買いにいくのだろうか。

⑨これら子どもたちの行為は、つじつまの合った物語にされることを拒み、さながら、その不統一性、意味不明性にこそ真骨頂があるといいたげである。私どもが、[1]意味の一貫性という網を差し延べるやいなや、それらは素早くこぼれ落ち、

3 ままごと 子どもが炊事や料理のまねごとをする遊び。「飯事」と書く。

1 「意味の一貫性という網を差し延べる」とはどのようなことか。

「ばらばら」と散らばって、こぢんまりとすくい取られることを拒否するのだ。私どもの目からは、「非連続」「断片的」とみなされる彼らのありようは、大人と子どもの間のどのような関係を物語るのだろうか。

⑩ 私どもは、事象を「物語」として、つまり因果関係的に一貫性を持った意味のまとまりにおいて把握することに、あまりにも慣れすぎている。というより、それ以外には事象を受けとめるすべを知らないのだ。

⑪ [4]寺山修司《てらやましゅうじ》は、ある対談の中で、次のような興味深い指摘を行っている。見知らぬ人にキャベツを一つわたす。そして、「難民[5]救済のために、キャベツを売っていますが、ちょっとの間、預かっておいてください。」という。すると、かなりの人が預かってくれるだろう。しかし、「これは普通のキャベツです。何の意味もありません。預かってください。」というなら、ほぼ断られるものだ。これは、まさに、私どもの常識的な感覚が物語性のないものに恐れを感じ、通俗的な因果律[6]が解体されることに強い不安を抱いていることのあかしではないか。人々が、因果関係のはっきりした殺人にもまして、通り魔に対して厳しく反発するのも、同じ理由によるものであろう。

⑫ この寺山の発言は、子どもたちの世界と、それにかかわる大人のありように向けられているのではないかと思われるほどに、[■2]見事な重なりを見せる。例えば、特別のきっかけも見当たらないのに子どもが突然泣き出す。私どもは慌てて、理

4 寺山修司　一九三五—八三年。歌人・劇作家。前衛的な劇団「天井桟敷《てんじょうさじき》」によって、演劇を中心とした総合的芸術活動を展開した。

5 難民　天災や内戦などによって居住地区から逃れて避難している人々。

6 因果律　出来事や現象には必ず原因があり、それに導かれて一定の結果が生じるという原理。

■2 「見事な重なり」とあるが、どのように重なっているのか。

由を尋ねる。「どうしたの、なぜ泣くの。」と。私どもは、子どもが「泣く存在」であることを認めていても、彼らが理由もなく泣き出し、理由もなく泣き続けることに耐えられない。なんの理由もなく彼らは泣き、なんの理由もなく彼らは怒るとしたら、因果律に支えられている大人たちの常識は、たちまち足場を崩される。私どもはその不安に脅かされるのだ。そのゆえに私どもは、子どもたちのきれぎれの言動にも、何かしら前後の脈絡を見いだして、つじつまを合わせようとする。そうすることで、かろうじて自身を納得させるために。その結果、私どもは、子どもたちの世界が、非連続に見えて、その実、切れ目もなく連続する不思議なまとまりであることに気づかない。さらに、「ばらばらな断片」としか見えない彼らの言動の、特有の輝きにも盲目である。そして、それ以上に、彼らの言動を「非連続」と見る私どもの視座が、自身の「非連続性の投影」であることに気づきにくいのだ。

[13] 仮に、私どもが持っている「時間」の枠組みから幼い子どもたちをとらえようとするなら、彼らは幾つかの際立った特色によって私どもを挑発するに相違ない。

[14] まず、彼らが「いま」を生きる存在であること。子どもたちは、過去や未来とはかかわりなく、非連続の「いま」の輝きの中で、自足的であり得るように見える。

[15] いま　お姫さまがお城にいるところ
いま　おさんぽにいくところ
いま　お花が咲いているところ
いま　あそんでいるところ
いま　お花を摘んでいるところ

[16] 幼児がつくったこの一冊の絵本は、そのページの一枚一枚に、すべて「いま」という瞬間を噴出させていた。お城が描かれ、花々が鮮やかな色を競い、長いドレスのお姫さまが花畑を行く。時間は、「いま」の一点に凝縮され、一枚の紙上に楽しく花開いていた。

[17] 一人の幼児が自分の絵本をつくり出す過程で見せたこの営みは、彼らがどのような「とき」を生きつつあるかを、ものの見事に物語ってみせる。彼女は、現在の瞬間に開示される世界を、「いま」という言葉で明らかにしたのだ。それは、子どもらによって「生きられる時間」が、何よりも「いま」をおいてない、ということのあかしではないか。

[18] 時間の本質を「流れ」すなわち連続に見るか、あるいは孤独な瞬間の断絶ととらえるかは、久しい間、不断の論争の種子とされてきた。論争の行方はさておき、

先の例のように、もし幼い子どもに時間がかかわりを持つとすれば、それは、連続ではなく、非連続の「いま」であるように見える。「いま、花畑を歩いている」、その「いま」という感情と、彼らの生についての感情との間には、それこそ「絶対の同一性」が存在するのだ。

[19] 先の絵本をつくった幼児が、「お城」「散歩道」「花畑」などと、異なった空間を描き分けて、異なった「いま」を表現したように、彼らの「いま」は他と並びようもなく、それぞれが絶対である。「あとで」とか、「あした」とかいう大人の言動が、しばしば[3]彼らとの葛藤の種子になるのも、このゆえんであろう。彼らが、「いま」望むことは、あくまでも、「いま」以外にかかわりのないことなのである。

[20] 先の幼児の場合、彼女は、自分でクレヨンを動かしながら、紙の上に一つの情景を出現させる。彼女の「いま」は、「お城のお姫さま」の形象で可視の世界に姿を見せる。彼女は、次の画面が生まれ出るときが来るまで、そのページ、すなわち、自身の手でつくり出し、自身が「いま」生きつつあるその世界を離れることはないだろう。お城に旗が掲げられたり、道端に花が咲いたりして、彼女の「いま」は豊かになる。彼女たちの「いま」は、単なる瞬間ではなく、長さと厚みを持っているのだ。

[21] 子どもたちは、「いま、遊んでいる」のだし、「いま、絵本をつくっている」。すなわち、彼らの「いま」は、滞在することのできる「いま」なのだ。意識に訪

3 「彼らとの葛藤の種子になる」のはなぜか。

れるその瞬間は点であるかもしれないが、それが「いま」として把握されるやいなや、長さと厚みを持った分割不能のかたまりとなる。したがって、彼らの「いま」は、点としての、瞬間としての「現在」を埋没させるが、かといって「非・現在」ではない。いずれにせよ、長さと厚みを持ったひとまとまりの「出来事」なのだ。

理解

1「子どもとは、なんと了解困難な、意味不明の存在であることか。」（一三五・17）とされているのはなぜか。大人と子どもそれぞれのあり方の違いから説明しなさい。

2「彼らが『いま』を生きる存在であること」（一三八・15）とあるが、「いま」はどのような特徴を持っているか、整理しなさい。

表現

1 子どもの一見不可解な行動の背後にあるものの見方を知ることは、私たちにとってどのような意味があるか、話し合ってみよう。

第7章

グローバル化と境界

論点をつかむ

「グローバル化」は、英語で地球を表すglobeに由来しています。冷戦体制が崩壊した一九九〇年代以降、世界は、まさに地球規模で一つにつながっていきました。インターネットなどの情報通信技術の発展は、ヒト・モノ・カネの活発な移動を支える新たな社会基盤となりました。

境界を超えた移動は、日常生活からの解放という自由を経験させてくれます。しかし、その快楽は、「何者でもない自分」というアイデンティティの不安定さの裏返しでもある。例えば、迫害から逃れるために「難民」としての生を余儀なくされている人々は、まさに境界のただ中に囚われている、とも言えます（**論点⑲**）。

モノとカネ、経済のグローバル化についても同様の問題があります。資本主義の根本は安く作って高く売ることです。企業の立場からすれば、人件費を含む生産のコストが安くつく場所に移動する方が合理的でしょう。その結果、先進国でも働く場所と機会が失われ、**経済的な格差**が広がっています。こうした企業の活動を後押しする**新自由主義**の考え方が、深刻な**社会の分断**を生み出しています。グローバル化の進展は、誰を「私たち」の仲間と見なすのか、という境界をめぐる問いと不可分です（**論点⑳**）。

しかし、新型コロナウィルスの世界的流行で、グローバル化に「待った」がかかっているいまこそ、立ち止まって物事を考える格好のタイミングとも言えます（**論点㉑**）。地球環境の保全と経済活動とをいかに両立させていくか。**多様な価値観**を許容する、これからの社会のルールをいかに作り上げていくか。まさに緊急の課題と言えるでしょう。

1・近代国民国家（ネーション・ステート）

人為的な制度で作られたフィクション＝**「想像の共同体」**

「国語」の制定・義務教育・徴兵制・国旗国歌

＝**「国民」という意識を作るシステム**

← **ナショナリズムの発生**

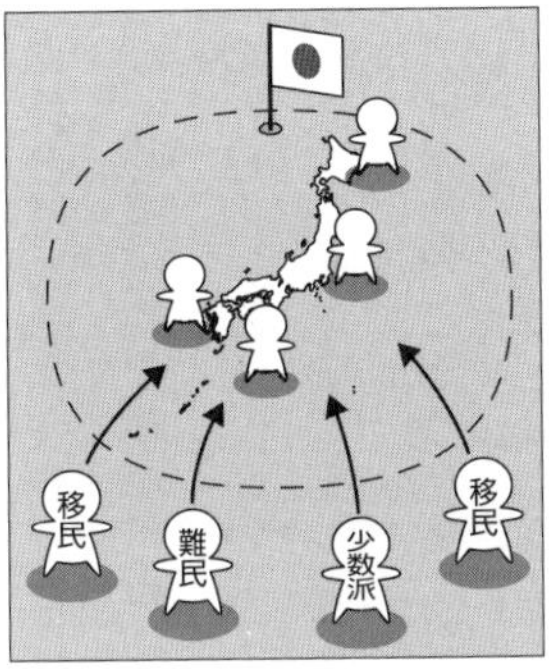

↓

〈境界〉への問い①
誰を「国民」とみなすのか？
→移民・難民・社会の少数派（マイノリティ）の受容の問題

2・グローバル化の時代

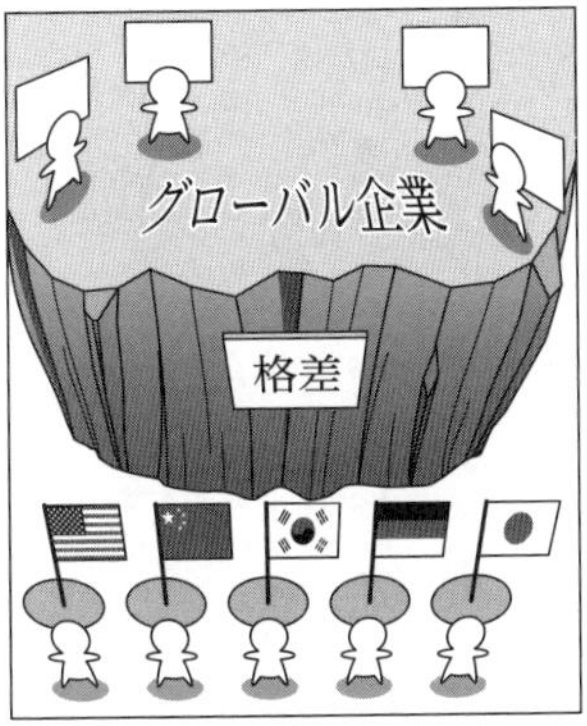

↓

〈境界〉への問い②
誰が「我々」を支配するのか？
→格差と分断
→ポピュリズムの流行

覚えよう！ 人物とキーワード

【ベネディクト・アンダーソン】 一九三六－二〇一五年。アメリカの政治学者。ナショナリズムは言語や領土と直接結びつかない近代の宗教だ、と主張した。

▼想像の共同体 アンダーソンは、ナショナリズムは人為的に作られたフィクションである、と主張する。近代国家は、異なる出自や習慣の中で生きる人々を統合するために、統一的な言語（国語）や共通のシンボル（国旗や国歌）などを通じて、「我々は同じ国民である」という「想像の共同体」を作り上げていくのである。

▼ポピュリズム 大衆の利益や権利を主張する一方で、既存の政治が体制側のエリートたちに独占されていると批判する立場。グローバル化が進行した結果、一国の権力では政治や経済をコントロールできない状況が、世界的なポピュリズムの流行をもたらしている。現代の社会構造の矛盾を問い直す議論につながる一方で、偏狭なナショナリズムと結びつく傾向があるので、注意が必要だ。

エアポート・ロビー

多木《たき》浩二《こうじ》

[1] 私の一番好きな空間はなにか、ときかれたら、私は躊躇《ちゅうちょ》なく、どこか異国の巨大な空港のロビーだと答えるだろう。あまり多くを知っているわけではないが、たとえばオランダのスキポール[1]とか、シャルル・ド・ゴール[2]とか、フランクフルト[3]とかに代表される。たいていは天井の途方もなく高い空間であり、それ以上に水平に伸びている長さが、ときおり人間の移動するスケールを超えていることがある。❶その建築的皮膜が、われわれの知覚には邪魔にならないで済むように設計されていればいるほどいい。雨風や飛行機の爆音からも遮断されているのに、構造物は身体から遠くにあってわれわれの神経を苛立《いらだ》たせることがないのがいい。ガラスと金属がこうした空間の物質的な素材である。いたるところにエスカレーターがあり、人びとはそれに乗ってどこかに下りていくのである。下りていく先がどこだか、チケット・カウンターなのか、出口なのか、あるいはレストランなのか。ようするにこの空間は、多系の機能で構成された空間であるのだが、それらの機能は人にそれとは気づかれないように巧みに構成されているほどいいわけである。

多木浩二
一九二八—二〇一一年。思想家・評論家。兵庫県生まれ。美術・写真から戦争・身体まで、幅広い領域を思索対称とする。主な著作に『スポーツを考える——身体・資本・ナショナリズム』（ちくま新書　一九九五年）、『「もの」の詩学——家具・建築・都市のレトリック』（岩波現代文庫　二〇〇六年）などがある。本文は『思想の舞台』（新書館　一九九六年）によった。

1 スキポール　スキポール空港。オランダのアムステルダム市郊外に位置する国際空港。

2 シャルル・ド・ゴール　シャルル・ド・ゴール空港。フランスの首都パリに位置する国際空港の一つ。第一八代フラ

フランクフルト空港

[2] どんな意味をそこに仮託しても意味をなさない空間である。それは国の内部にある国境なのだし、たしかにひっかかると厄介なことになるのは間違いない関門ではある。だがかつての市門のように外／内を分ける象徴的な意味はまったくないのだ。意味があるとすれば、そこに生じる出来事の世界からふいに生じてきては、またふいに消滅してしまうのであろう。

[3] 私はときおり、待ち合わせの運が悪くて、所在なげに座ったり、立ったり、ときにカフェに入ってみたりして数時間を潰すことがしばしばある。そんなとき、退屈はするが、なにか不思議な心地よさを感じているのだ。だれも私の存在など、気にもしていないという解放感に浸ってもいる。だが考えてみるとすぐわかることだが、私の身の安全などどこにも保証されていないのだ。だが心地よい。この心地よさとはぼんやりと

ンス大統領の名にちなんで名づけられた。

3 フランクフルト フランクフルト空港。ドイツのフランクフルトに位置する。正式名称はフランクフルト・マイン国際空港。

1 「その建築的皮膜」とは、具体的に何をさすか。

意味のないスペクタクル[4]を眺めている心地よさなのだ。

④そこには私の知った人は誰もいない。さまざまに肌の色の違った数人の人びとが、どこからやって来てどこに行くのか、わからないまま、すれ違う。身振りも違うし、叫んでいる言葉も違う。つぎからつぎへとこうした世界中の人間が通過していくさまは見ていて実に楽しいのだ。どこから来てどこに行くのか。だれも知らない。たまに側に座った人と口をきくことがある。もちろん日本語ではない。スリランカ人だったり、フランス人だったりである。でもどこの人間かを聞くことすら意味がない。お互いに他者であることを確認し、それから別れる。ようするにそこはただ通過するというだけの、しかし視覚的にはあきらかに見世物の生起する巨大なヴォイド[5]でしかない。たしかにそれはある意味で流動する世界の結節点である。私がぼんやり座っているあいだに、どこかでこっそり麻薬をもちこもうとしている人物がいるかもしれないし、世界を動かすかもしれないＶＩＰ[6]が出たり入ったりしているかもしれないのだ。でもそんなことは私の知ったことではない。この空間は世界を表象する形式ではない。その機能は、ただ人の通過をできるだけスムーズにし、動線を絡み合わないように処理し、見知らぬものどもが迷わないように表示を確実にすればいい。

⑤こんな話をしてきたのには、空港の空間の不思議な魅惑を語りたかったのを別として多少の理由がなくはない。たいていの公共的な場所のなかで生じるのは、

4 スペクタクル　壮観。雄大な光景。［英語］spectacle

5 ヴォイド　虚無。［英語］void

6 ＶＩＰ　要人。重要な人物。［英語］Very Important Person の略。

これに似た経験ではないのか、と感じているのである。劇場のロビーでは、知り合った人びとはなんらかのグループをなし、お喋《しゃべ》りに興じたりしているが、同じ芝居を観るという目的を共有するにしても、たいていは見知らぬものの集まりなのである。ましてやほかの場所では一団となるようなことは起こりえないのだ。つまり私的な家など特殊な条件以外では、場所とは今や他者がたまたますれ違う空間なのである。もっと大きくスケールをとっていうと、都市もそうである。いわば[2]これに似た巨大なヴォイドである。機能だけは複雑な織物をなしているが、人間同士がなんらかの心的な関係をもつ必然性はないのである。それが必要であるなら、それを可能にする場所は自然に生じてくるのである。[3]それは地理的な隣接関係とは異なる。共同体という幻想をもって集合住宅を作ったり、団地を建設したりするのは、私からいうと無意味なことに見えてしかたがない。隣人と関係ないのが現代の都市であろう。これは悲しむべきことではない。隣りあったのは偶然のことである。仲良くなるか他人のままで止まるかも偶然のことである。ということは都市では、関心を共有できる場所は必要なら作りだせるのである。つまりもはや都市が意味をもつという幻想さえ棄《す》てたほうがいいのではないか。エアポートに戻ろう。

[6] その面白さは、なによりも、不思議な権力空間の経験である。[7]パスポート・コントロールをとおった後、われわれはもはや国外に出ている。そこはどこにも属

[2] 「これ」とは何をさすか。

[3] 「それ」とは何をさすか。

7 **パスポート・コントロール** 出入国審査所。ここは、出入国審査のこと。[英語] passport control

さない空間、いわばゼロの空間である。われわれは自由に見えて、実はこの自由を無化する権力の空間である。そこはどこでもないのに、依然として権力の支配下にある。われわれは監視されている。だがそれはいったいどんな権力なのか。まだわずかながらネーション・ステート[8]に属している地帯だが、同時にだれのものでもない権力つまりゼロの権力に支配された空間である。正確にはゼロにかぎりなく近く、主体についても、他者についても、権力についても、ゼロを掠《かす》めるように経験する地帯というべきであろうか。これが国家を超え、地球規模の時空間を経験する端緒なのである。

8 ネーション・ステート　国民国家。ある民族の集合によって支配される国家。［英語］nation state

理解

1「この空間は世界を表象する形式ではない。」（一四六・14）とはどのようなことか、説明しなさい。

2「都市が意味をもつ」（一四七・15）ということが「幻想」であると筆者が考える理由を説明しなさい。

表現

1「ゼロの権力」（一四八・5）とはどのような権力か、「境界」「機能」という語句を用いて説明しなさい。

グローバリゼーションの光と影

小《お》熊《ぐま》英《えい》二《じ》

[1] 近年、「グローバリゼーション[1]とナショナリズム[2]の対立」という図式が語られる。しかし筆者は、両者は対立関係というより、共犯関係だと考える。

[2] そもそもグローバリゼーションとは何だろうか。よくあげられるのは、交通・通信技術の発達、文化の均質化、経済活動の領域拡大などであろう。

[3] しかしこれらは、ナショナリズムの基盤でもある。幕藩体制[3]から近代国家[4]への移行は、藩を超えた交通の発達と、標準語の普及や地方文化の消滅、全国市場の成立などをもたらした。こうした交通の発達や文化の均質化がなければ、藩や村を超えた「日本」という意識は成立しえなかったのである。

[4] そう考えた場合、グローバリゼーションとナショナリズムは、❶同じ現象の別側面だといえる。交通の発達や文化の均質化が、国境内で起こる場合にはナショナリズムと呼ばれ、国境を跨《また》いで起こる場合にはグローバリゼーションと呼ばれるにすぎない。

[5] そして両者は、相互に高め合う補完関係にある。まずナショナリズムの覚醒は、

小熊英二
一九六二年―。思想史家。東京都生まれ。幅広い文献資料をもとに、戦後日本のナショナリズムや民主主義のあり方を論じている。主な著作に『単一民族神話の起源――〈日本人〉の自画像の系譜』（新曜社　一九九五年）、『生きて帰ってきた男――ある日本兵の戦争と戦後』（岩波新書　二〇一五年）などがある。本文は「毎日新聞」二〇〇二年三月四日夕刊によった。

1 **グローバリゼーション**　社会的・経済的な活動が、特定の国家や地域を越えて地球規模にまで拡大していく傾向、現象。［英語］globalization

2 **ナショナリズム**　民族主義。国民主義。［英語］nationalism

グローバルな他者接触の結果として発生するものである。明治維新が黒船[5]の来航から起こったこと、これが蒸気船という交通技術革新の結果だったことは、いうまでもない。

⑥さらにナショナリズムの形成は、グローバルな模倣関係によって行われる。明治政府が国旗を制定し、国歌を作り、文化財を保護したのは、西欧のナショナリズム形成政策を学んだ結果にほかならない。ナショナリズムの特徴は、どこの国家も「独自性」[2]を主張しながら、その「独自性」の主張の方法（歴史や伝統文化の重視など）が、どこでも同じである点にある。

⑦また国家は、しばしばグローバリゼーションを加速する。明治政府は鉄道や港湾の整備、産業の育成、教育の普及などを推進した。これらは国家興隆政策であると同時に、日本を国際経済の一部に組みこむ作業であった。

⑧そしてグローバリゼーションと呼ばれる現象の多くは、国家の存在を前提として成立している。多国籍企業が国境を超えるのは、為替[6]レートや平均賃金の相違、税制の優遇や環境基準の甘さなど、国家によって設けられた段差を利用するためである。世界が国家で分断されていなければ、多国籍企業[7]が国境を超える動機は半減するだろう。

⑨それでは、ナショナリズムとグローバリゼーションの対立と称される現象が、なぜ存在するのか。筆者はこれを、権力の配置から派生した問題と考える。

3 **幕藩体制**　江戸時代における、将軍を頂点としてその配下に藩が置かれた、封建的政治体制。

4 **近代国家**　封建国家や専制君主国家が市民革命によって崩壊した後に登場した、国民主権主義や議会代表制などの近代的政治体制に基づいて統治される国家。

1 「同じ現象の別側面」とはどのようなことか。

5 **黒船**　幕末にアメリカから来訪した蒸気船。鎖国主義をとっていた江戸幕府に開国・開港を要求した。

2 「独自性」に「　」が施されているのはなぜか。

6 **為替レート**　一国の通貨と他国の通貨との交換比率。外国為替相場。［英語］rate

7 **多国籍企業**　複数の国に生産・販売の拠点を置き、世界的な規模で活動する国際企業。

[10]「ナショナル」と「グローバル」の最大の相違は、国家には主権があるが、国家を超える権力は存在しないという点にある。実際にはコインの表裏であるはずの両者だが、権力の問題に限っては、明確な相違があるのだ。

[11]そのためグローバリゼーションとナショナリズムの対立という議論は、多くの場合、この「国家にしか存在しない権力」の活用や正統性をめぐって行われているようだ。典型的な事例は貿易自由化の問題だが、「国民文化」の保護もその一環である。

[12]なかでも争点になっているのは、福祉政策をはじめとした、国家の再分配機能をどう考えるかである。グローバリゼーションによる格差の拡大を嘆き、国家を擁護する論者は、この再分配機能に期待があると思われる。一九三〇年代のドイツや日本、現在の第三世界[8]などに明らかだが、民衆を巻き込んだ草の根ナショナリズムも、格差に耐えかねた人々が、国家権力による再分配を期待した場合に台頭しやすい。

[13]ところが問題は、[3]こうした権力の問題でも、やはり国家とグローバリゼーションは共犯関係にあるということである。為政者のレベルでは、国家の再分配機能を重視しないのが現在の潮流だ。そこでは、再分配の原資である国家経済そのものが、国際競争力の強化によってしか拡大できず、したがって再分配に予算を割

8 **第三世界** アジア・アフリカ・ラテンアメリカなどの発展途上国の総称。東西冷戦期、西側諸国（アメリカ・日本などの資本主義国家）と東側諸国（ソビエト連邦・東欧諸国）のいずれにも属さない第三の国家群として呼称された。

3 「こうした権力の問題」とは何をさすか。

くよりも、国際競争に勝てるエリートと産業を育成すべきだという論理が唱えられやすい。

[14] その結果、グローバリゼーションの被害者は国家に期待するが、国家を動かす為政者のほうは、グローバリゼーションに対応した競争の強化を唱えるという図式が出現している。しかもそのグローバリゼーションへの対応は、「国際競争の勝利」というナショナリズムの名の下に進められているのだ。

[15] 現実の世界では、グローバリゼーション対ナショナリズムというような、単純な二項対立では動いていない。両者を抽象的に対立させ、どちらか一方に肩入れするというような議論は、[4]その構図じたいが不毛であろう。国家という制度をどう使いこなすにしても、国家とそれを超える動きが共犯関係として並存している状況を把握することなしには、現実的な議論は進まない。

4 「その構図」とは何をさすか。

理解

1 「両者は、相互に高め合う補完関係にある」（一四九・13）とはどのようなことか、本文に沿って整理しなさい。

2 「こうした権力の問題でも、やはり国家とグローバリゼーションは共犯関係にある」（一五一・14）とはどのようなことか、説明しなさい。

表現

1 筆者は、議論を通じて、ナショナリズムとグローバリゼーションが単純な「二項対立」の図式では対比できないことを明らかにしている。そのように一見対比的だが、実際には互いが密接に結びついているような事例を見つけ、なぜそう言えるのか説明してみよう。

「閉じられたこと」の持つ力

中屋《なかや》敷《しき》　均《ひとし》

①「カビの生えたような学問」という言葉があるが、私がやっているのは「カビが生える学問」である。私が主な研究材料にしている、いもち病[1]というイネの病原菌は、子《し》嚢《のう》菌[2]という真菌（カビ）に属している。カビの生えたような学問というと、狭く薄暗い研究室で白衣を着た学者が顕微鏡をのぞいているというようなイメージがあるが、この時代にあってカビに興味をもつ研究者というのは、どことなくそれに通じるものがある。アメリカのカリフォルニア州にあるアシロマ会議場で、二年に一度、世界中の「カビマニア」が一堂に会するFungal Genetics Conference[3]という学会が開かれるが、その比較的小さな国際会議の木造の薄暗い会場には、どことなく古き良き時代のサイエンスの芳香が漂っている。

②現代では自明の善としていろんなことが開かれていく方向に進んでいる。〝開かれたこと〟つまり情報の交換や物質の流通などが、物事の健全な発展のために必要なことは論を俟《ま》たない。そういう意味では、この時代は過去と比べて本当に恵まれていると思う。大陸間の移動でさえ、豊かな国では普通の庶民が無理なく

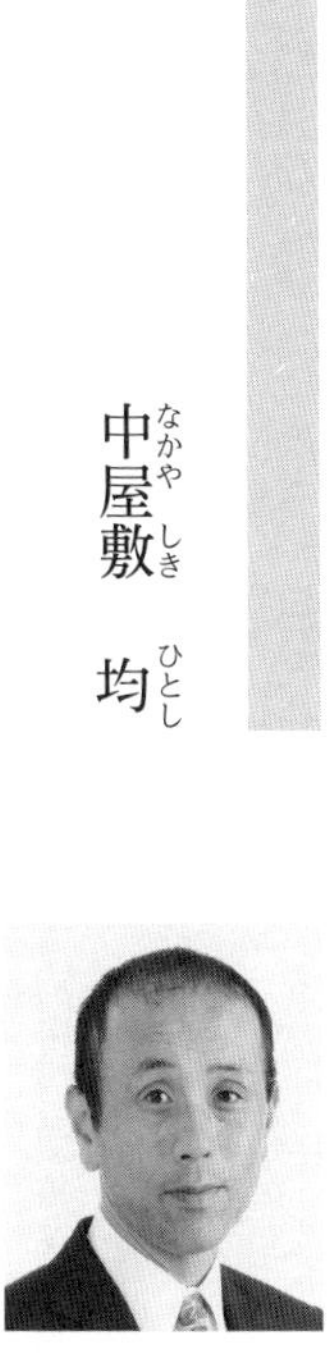

中屋敷　均
一九六四年―。分子生物学者。福岡県生まれ。植物や菌類のウイルスを専門とし、微視的な観点から得られた知見をもとに生命のありようを考究している。主な著作に、『生命のからくり』（講談社現代新書　二〇一四年）、などがある。本文は『科学と非科学――その正体を探る』（講談社現代新書　二〇一九年）によった。

1 **いもち病**　稲がカビの一種であるイネいもち病菌に感染することで生じる病害。
2 **子嚢菌**　真菌類の一種。有性生殖を行う際に子嚢と称する器官を用いて胞子を生じる。
3 **Fungal Genetics Conference**　真菌遺伝学国際会議。二〇〇三年から開催。

行えるようになり、欲しいと思う情報のほとんどはインターネットやテレビなどの通信手段によって手に入る。こういう〝開かれたこと〟が現代社会の基礎を作り、その発展に大いに寄与していることは、もう圧倒的に明らかなことである。

[3] けれど、一方で私が最近とみに思うのは、もっと〝閉じられたこと〟というものの大切さが意識されても良いということだ。昨今の風潮は、〝閉じられたこと〟の持つエネルギーや密度について、あまりに無頓着になっているような気がする。開かれたということを、誰の目にも見て分かる〝昼の力〟とするなら、閉じられたことは、簡単には見えない〝夜の力〟みたいなものだ。基本的に純度のあるものは、閉じられているから存在できる。赤い絵の具を池の中に落とせば、その色はなくなってしまう。どんなものであっても、その偏りや純度を保つためには閉じられた時空間が必須だ。そのことの意義は意外に大きいと思う。

[4] **1** その文脈で言えば、昔、日本は島国で鎖国[4]までしていた。その閉じられた時空間の中で、日本の文化というのは育まれてきた。ちょんまげ[5]や羽織袴《ばかま》[6]、刀、お城そして日本語、そういうものが、その文化の中である種の密度を持ち存在した。しかし、明治以後、多くのものを開き、西洋文化を取り入れてきたことで、たとえば着物文化というようなものは、その内在的な文化としての力を失ってしまったように見える。こんなことを言うのも不謹慎かも知れないが、以前は、もし日

1 「その文脈」とはどのようなことか。

4 **鎖国** 外国との通商・交流を禁止すること。特に、江戸幕府による対外封鎖政策をさす。

5 **ちょんまげ** 江戸時代に男性が多く用いた髪形の一種。額髪をそりあげ、後頭部で髪を束ねて髻《もとどり》とし、それを折り返して髷《まげ》を作って結ったもの。髷の形が「ゝ《ちょん》」に似ていることに由来する。

6 **羽織袴** 羽織は、和装において長着（いわゆる着物）の上に着る上着。袴は、着物を着た上から穿《は》き、腰から下を覆う衣服。

本という国が圧倒的な軍事力を持ち、世界を席巻していたら、世界のみんなが着物を着るようなことになっていた、そんな未来の世界の姿の一つとなる可能性を内包する密度と力を持って存在していたと思う。しかし、残念ながら現在ではすでに着物に、そういった未来の世界の姿を担うだけの密度はないような感じがする。垣根を取り払い、開かれたことで、相対的に弱い文化が密度を失い力をなくしていく。この日本語という言葉も、日本人の英語下手という壁に守られ、現在はまだ生命力のある言葉として存在しているが、幼い頃からの英語教育が盛んになり、大学の授業は英語だ、社内の公用語は英語だ、といった状況が進んでいけば、かつてのネイティブアメリカン[7]やマヤ[8]の人たちの言葉が実質的に失われていったように、日本語という文化も一部の収集家によって保存されるだけのものになっていくのかも知れない。英語を第二公用語にしようというような話が持ち上がる我が国であるから、それもまったくあり得ない話ではない。

⑤もちろん着物も日本語もローカル[9]な文化で、そんなものに執着する必要はないという人もいるだろう。私も特に着物を着たいとは思わない方だが、私がここで問題としているのは、文化的アイデンティティー[10]とか愛国心とか、そういうこととは少し違う。たとえばガラパゴス諸島[11]やオーストラリア大陸で、独自の進化が起こり、我々から見ると奇妙な生物たちが繁栄したのは、これらの地域が地理的

7 **ネイティブアメリカン**　アメリカ大陸の先住民族。主に南米に住む先住民族はスペイン語で「インディオ」と呼ばれる。［英語］native American

8 **マヤ**　ユカタン半島、グアテマラ、ホンジュラスなどの中央アメリカに国家を築き、繁栄を誇ったアメリカ・インディアンの一部族。紀元前四世紀から一七世紀まで存続し、のちに「マヤ文明」と呼ばれる壮大な史跡を残したが、一〇世紀以降は衰退の道をたどった。

9 **ローカル**　局地的なもの。一部の地域。［英語］local

10 **アイデンティティー**　ある人物や組織がそれとして自他共に認められていること。六ページ「論点をつかむ」も参照。［英語］identity

11 **ガラパゴス諸島**　南アメリカ、エクアドルの海岸から西に九〇〇～一二〇〇キロメートルの洋上に広がる火山群島。

に隔離されていたことが最も重要な要素だったことは疑う余地がない。〝閉じられたこと〟が、その時主流となっている事象と、その亜種や改良版ではない、まったく違った形の生き物や文化を生む母体となっているのだ。〝閉じられたこと〟には、そういう力があるのではないかと思う。

⑥ 何の形も境界もない混沌の中から、何かが形を作っていく時。そしてそれが醸熟し、萌芽していく時。そこでは、わずかな風が外から吹き込むのも嫌がるような、外界とのつながりが一旦遮断された、濃密で、閉鎖的な時空間が必要とされることがあるのかも知れない。そういえば子宮もある意味、閉じられた空間だ。そのイメージの延長線上にある。

⑦ **2** こういった考え方は、本当に新しいものが求められる芸術の世界では古くから大切にされてきた。秘められた感情、抑圧された情熱、そういった簡単には人に話せない、心の奥に封じ込まれた物語が洗練され、閉じられた空間から一気に日の当たる場所に解放される時、多くの人を感動させる力を持った芸術になる。〝閉じられたこと〟が生む、ある種の偏り、純度の高さ、内圧のようなエネルギーの蓄積。描いては消し、消しては描く、その無駄で贅沢《ぜいたく》な作業。そして〝小さな世界〟のgenesis[12]。

⑧ 閉じられたことは、育てること、に通じている。他と混じってしまえば、蹴散

2 「こういった考え方」とはどのような考え方か。

12 **genesis** 『聖書』における「創世記」。また、起源、始まり、の意。

らされてしまうようなもの、色が消えてしまうようなものが、閉じられた空間だからこそ成長でき、成熟し、ある種の「世界」を作りあげることが可能となるのだ。

[9] [13]グローバリゼーションだ、[14]グローバルスタンダードだと言うが、あらゆるものを混ぜて競わせれば、その結果、生き残るのは競争力や戦闘力という〝偏った特徴〟が強いものばかりになる。競争で選抜されるのは、実は限られた観点から見た優位性である。戦争に強い民族が、常に病気に強い訳でも、絵が上手い訳でも、足が速い訳でも、他人への思いやりに溢《あふ》れている訳でもない。一つの観点で強い選択圧をかけてしまえば、その陰で多様で独自の特色を持った多くの形質が失われてしまいかねない。

[10] あるいは経済で言えば、「消費者により良いものをより安く届ける」ことが天上天下唯一無二の正義のように言われているが、より安くを追求すれば、最も優れた企業とは、人件費がゼロ、つまり奴隷を使う企業である。社員を、あるいは国民を、どこまで奴隷に近づけることができるか、そんな競争をしてはいないだろうか？　[15]非関税障壁はなくすべきだ、みんなが同じように競争し、容易に理解し合えるようにすべきだと言えば、世界中の言葉は英語だけでいい。独自の文化は基本的にすべて非関税障壁である。ほんのちょっとばかり安いものを手に入れ

13 **グローバリゼーション**　社会的・経済的な活動が、特定の国家や地域を越えて地球規模にまで拡大していく傾向、現象。［英語］globalization

14 **グローバルスタンダード**　世界基準。世界標準。主に、特定の国家・地域内でのみ通じる基準や規定に対して批判的な文脈で用いられることが多い。［英語］global standard

15 **非関税障壁**　関税以外の手段を用いた輸入制限。輸入数量制限や輸入課徴金制度などがある。

るために自分たちの文化を捨てるべきかどうか、少し頭を冷やして考えれば、すぐに分かることではないか？

[11] 人類は、ある意味、世界の各地にある小さな閉じられた空間の中で、多くの独自の文化や社会の豊かさを育んできた。かつては世界のあちらこちらに、閉じられた袋があり、それを開けるたびに独自の文化や物語が見つかり、そこに新鮮な驚きがあったのだ。それらは長い時間をかけて、その場所で、醸成されてきたからこそ独自のものだった。世界が開かれ、世界中の子どもがディズニー[16][3]しか見なくなったとして、そこに本当に新しい物語を作る力が、果たして残っているのだろうか？

[12] そして今、大学もそういったグローバル化の中にある。今の大学は〝閉じられた時空間〟などという贅沢《ぜいたく》なものと本当に無縁の世界になっている。何かが育つのを待つようなゆっくりとした時間や空間はない。たくさんの情報が流れ込み、それに対する多くの出力がすぐに要求される。目の前にあることをとりあえず「こなす」ことで、時間が過ぎてゆく。一つ一つの事項を取れば、文句を言う筋合いはない「必要で大切な」案件が並ぶ。しかし、これが全体として見れば、まったく不毛で本末転倒なことに限りなく近づいているのは、一体どうしてなのだろうか？

[13] 昼と夜が交互に来るように、洪水のように流れてくる情報を、もう一度静かな、

16 **ディズニー** ここは、アメリカの映画制作者・アニメーション作家のウォルト・ディズニー（Walt Disney 一九〇一－一九六六年）が製作した作品、また彼が設立したウォルト・ディズニー・カンパニー製作の作品のこと。

3 「ディズニー」は、ここではどのようなことを示す具体例として挙げられているか。

小さな空間の中で動きを止め、遅々としていても密度のあるものに練り直す、そういう作業が可能だろうか？　そのために私たちは何をするべきなのだろう？

14 カビの胞子が発芽する。菌糸が伸びて、ビロード[17]の絨毯《じゅうたん》のように幾重にも重なった、びっしりとした菌糸のマットが少しいびつな円形のコロニー[18]を作る。先端の白い菌糸から内側の灰色の菌糸へ移相するグラデーション[19]とその僅かな菌糸の濃淡が規則的な幾何学模様を作り、その上に白い気中菌糸が立体的で規則性の捉えがたい複雑な形を描いていく。わずか直径九センチメートルのシャーレ[20]の小さな閉じられた空間で、カビが「世界」を作っている。シャーレのフタを開けた時、吹き出すような香りがする。「カビが生える学問」の薫りだ。

17 **ビロード**　なめらかな肌触りを持つ、織物の一種。ベルベットとも。［ポルトガル語］veludo

18 **コロニー**　同種または複数種の生物が集団になって生息している地域、またその集団。［英語］colony

19 **グラデーション**　写真・絵画などで、色の濃淡を段階的に変化させること。［英語］gradation

20 **シャーレ**　微生物の培養に用いる、ガラス製の平皿。［ドイツ語］Schale

理解

1「内在的な文化としての力」（一五四・16）とはどのようなものか、説明しなさい。

2「全体として見れば、まったく不毛で本末転倒なことに限りなく近づいている」（一五八・15）とはどのようなことか、説明しなさい。

表現

1 形式段落14「カビの胞子が発芽する。……」は、この文章全体にどのような効果をもたらしているか、考えを述べなさい。

【編者】
五味渕典嗣（ごみぶち・のりつぐ）早稲田大学
松田顕子（まつだ・あきこ）立教新座中学校・高等学校
吉田　光（よしだ・ひかる）東京都立竹早高等学校

図版・イラスト協力者（敬称略・数字は掲載ページ）
YHB 編集企画　7, 31, 53, 75, 99, 119, 143
朝岡英輔　23
アフロ　53, 93
Pixta　77
朝日新聞社　112, 134
アトリエ・プラン　23, 128, 130
フォトライブラリー　132
ゲッティ・イメージズ　145

ELOGE DE LA DETTE
by Nathalie Sarthou-Lajus
Copyright © Presses Universitaires de France, 2012
Permission from Universitaires de France, an
Imprint of Humensis arranged through The English Agency (Japan) Ltd.

装幀・本文デザイン／白尾隆太郎

高校生のための現代文ガイダンス
ちくま評論文の論点21

二〇二〇年一〇月一〇日　初版第一刷発行
二〇二四年　九　月一五日　初版第　四　刷発行

編者……………五味渕典嗣・松田顕子
吉田　光
発行者……………増田健史
発行所……………株式会社筑摩書房
東京都台東区蔵前二—五—三
郵便番号　一一一—八七五五
電話　〇三—五六八七—二六〇一（代表）
印刷・製本……………大日本法令印刷

乱丁・落丁本の場合は、送料小社負担にてお取り替え致します。
本書をコピー、スキャニング等の方法により無許諾で複製することは、法令に規定された場合を除いて禁止されています。請負業者等の第三者によるデジタル化は一切認められていませんので、ご注意ください。

©2020　五味渕典嗣・松田顕子・吉田光
ISBN 978-4-480-91089-9 C7095

高校生のための
現代文ガイダンス

ちくま評論文の論点21

解答編

筑摩書房

高校生のための現代文ガイダンス ちくま評論文の論点21

解答編

目次

目玉ジャクシの原初的サッカー

（本文8ページ）
【解説　編集委員会】

【作品解説】

自分とはいったいどのような存在なのか――。それは社会的な動物である私たち人間にとって、常に最大の関心事だ。特に、生まれながらにして人生の選択肢が定められていた身分制社会が終わりを告げ、自由な自己実現への道が個人に許された近代社会が訪れて以降は、自分だけの「アイデンティティ」を確立すること――「あなたはどのような人間なのか」という問いに答えることからは、何ぴとたりとも逃れることはできなくなった。それは皮肉にも「平等」と「自由」がもたらした苦難であり、自分独自の存在意義を見失う「アイデンティティ・クライシス」に苦しむ人々も尽きることがない。

故に、現代社会のさまざまな問題を扱う評論文においても「アイデンティティ」は重要な論点としてしばしば題材になるが、そこで考えられているのは、本文に見るように、「自己」ではなくむしろ「他者」との関係である。仮想のフィールドの中で戯れる、人間とは似ても似つかないCGの生き物たちが見せてくれるのは、私たちがアイデンティティを獲得する「原初」の過程だ。そこでは、アイデンティティとは生まれついて自分の中に埋め込まれているようなものではなく、周囲の他者との関わりの中で探られていく一つの「ポイント」＝位置であり、常に変動するものであるという視点が描き出されている。

筆者は、与えられた仕事を完璧にこなすロボットではなく、時に人の手も借りながら働く「弱いロボット」の開発に努める科学者だが、それは、自分の「弱さ」を隠さずに示すロボットのほうが周囲との共同作業を誘発し、かえってより大きな成果を出すことにつながるからだという。そこには、不安定な自己を「否定されるべき欠点」と見なさない豊かさがある。重要なのは、ある事柄それ自体ではなく、それと他との「関係」を考えることなのである。

【要旨】

目玉ジャクシのサッカーからは、自己充実欲求と繋合《けいごう》希求性のバランス・ポイントを探ることで、それぞれの目玉ジャクシに独自の価値基準が生まれることが明らかになる。人間も同様に、周囲の環境に関わることで自己の価値基準を調整しながら、コミュニティの中での役割の獲得を目指している。自分らしさやアイデンティティは、自己完結するものではなく、自分の〈不完結さ〉や〈弱さ〉を周りとの調整の中で補って作られるものだ。（一九九字）

【脚問　解答】

1　思うままに動いていればボールに触れることができるということ。
2　自分以外の目玉ジャクシもボールに触れるように配慮すること。
3　どのような仲間と身近に接してきたかによって、個人の性格は異なってくるということ。

【理解・表現　解答】

理解1　どんな仲間と関わるかで、各自の価値基準が変化するから。
理解2　〈自己〉は完結したものではなく〈不完結さ〉や〈弱さ〉を抱えたものであり、それを周囲との調整で補っていく中で、環境や他者に合わせて変化するもの。
表現1　省略（本文に則して「自己充実欲求」と「繋合希求性」のバランス・ポイントをめぐる実体験と自分の価値基準をまとめよう。）

【論の構成】

序論 1～6 **目玉ジャクシのジレンマ**

【問題提起】「集団での遊びでは、どのような調整がおこなわれ、維持されているのか?」

ボールに触ろうと試行錯誤する「目玉ジャクシ」たち ←「一人でボールを追いかけるか」「仲間の近くで追いかけるか」＝ジレンマ

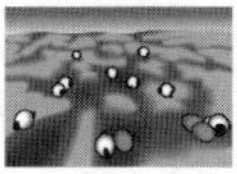

本論一 7～21 **自分を優先するか、仲間と一緒にいるべきか**

目玉ジャクシの学習系

自分の取るべき行動を自問自答… 自己参照系

行動しボールに触るコツを学ぶ… 他者参照系

→ 連携 → 双参照モデル

自己充実欲求〈自分の欲求を追求し、ボールを追いかけたい〉

繋合希求性〈他の目玉ジャクシと一緒に遊んでいたい〉

＝「バランス・ポイント」の探索

＋

どのような性格の仲間と関わってきたか → **オリジナルな価値基準**の発生

本論二 22～27 **社会的ニッチ**

目玉ジャクシのオリジナルな価値基準 ← ①オープンなシステム ②社会的な**ニッチ**の獲得 ← ほかの目玉ジャクシと棲み分けながら独自の居場所を見つける

結論 28～29 **完結したものではない〈自己〉**

固有の自分らしさ・価値観・アイデンティティ ← イメージにすぎない

⇦ **わたしたちの〈自己〉とはそれ自体で完結したものではなく、その〈不完結さ〉〈弱さ〉を周囲と補っていくコミュニケーションを通じて生まれるものである**

「私」のつながり

（本文16ページ）

【解説 金子俊之】

【作品解説】

本文の前半部におけるポイントの一つが、他者とのつながりとは、もともと外部から「与えられる」（＝受動的な）ものだという点である。そのつながりの中には、私にとって快適でないものが含まれる場合もある。そこで私たちは、外部との関係を調整し、私自身が自らの存在を見いだせるような〝つながり〟だけを選び取っていく。これが、「アイデンティティの獲得」となるわけだ。

こうした内容を踏まえて、筆者は後半部で、外部とのつながりには「共時的なつながり」と「通時的なつながり」があり、「私」とはこれら二つのつながりの中の「結び目」のようなものとして、社会的な存在を与えられているのだと述べる。これこそが、本文の勘所である。

「共時的」「通時的」というのは、スイスの言語学者ソシュールが用いた概念である。「共時的」とは、「ある同じ時点での物事の様相に着目すること」で、「空間的、地理的な広がり」のイメージを持つ。一方、「通時的」とは、「時間の流れに沿って物事の変化に着目すること」で、「時間的、歴史的な広がり」とイメージすればわかりやすい。歴史年表を例に挙げれば、年代の記された軸が「通時的」、各年に起きた、政治や文化などの諸項目ごとの出来事が「共時的」な記述だと言える。

こうした「共時性」「通時性」にかかわる記述は人文科学系の評論に多く見られるもので、皆さん自身が物事を考える上でもぜひ生かしてほしい視点である。ちなみに「通時性」に関しては、環境問題などにおける、今はまだこの世に存在していない「未来世代」との通時的なつながりなども、考慮に入れる必要があるだろう。

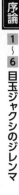

【要旨】

人は、他者と同じ時間の中で、空間や場を共有し、そこに生じるさまざまなつながりの中の「誰か」として生きている。これを「共時的なつながり」と言うが、一方で私たちは、個々の名も顔も知らぬ無数の死者たちとも時の隔たりを超えてつながっており、これを「通時的なつながり」と言う。「私」とは、さまざまな他者や事物との共時的、通時的なつながりの中の「結び目」のような存在であり、社会の中で生じる社会的な出来事なのだ。（二〇〇字）

【脚問　解答】

1　私たちはみな、自分に先立って存在する社会の中に生み出され、周囲の人びとによって〝社会の中の個人〟にさせられるということ。

2　人は、社会の中で「自分にとっての自分」を見いだす以前に、まず「人から呼ばれる自分」を見いだすという事情。

3　身体が死体というモノになってしまった後でも、その身体から切り離して考えることのできる〝死んだ人間〟の人格のこと。

【理解・表現　解答】

理解1　「通時的なつながり」とは、私たちと過去に生きていた無数の死者たちとの間に、時の隔たりを超えてできるつながりのこと。「共時的なつながり」とは、「今」という同じ時間の中で、ある空間や場を共有する人やモノとの間にできるつながりのこと。

理解2　「私」が、さまざまな他者や事物との共時的、通時的なつながりの中の「結び目」のようなものとして、社会的な存在を与えられること。

表現1　【論の構成】を参照。

【論の構成】

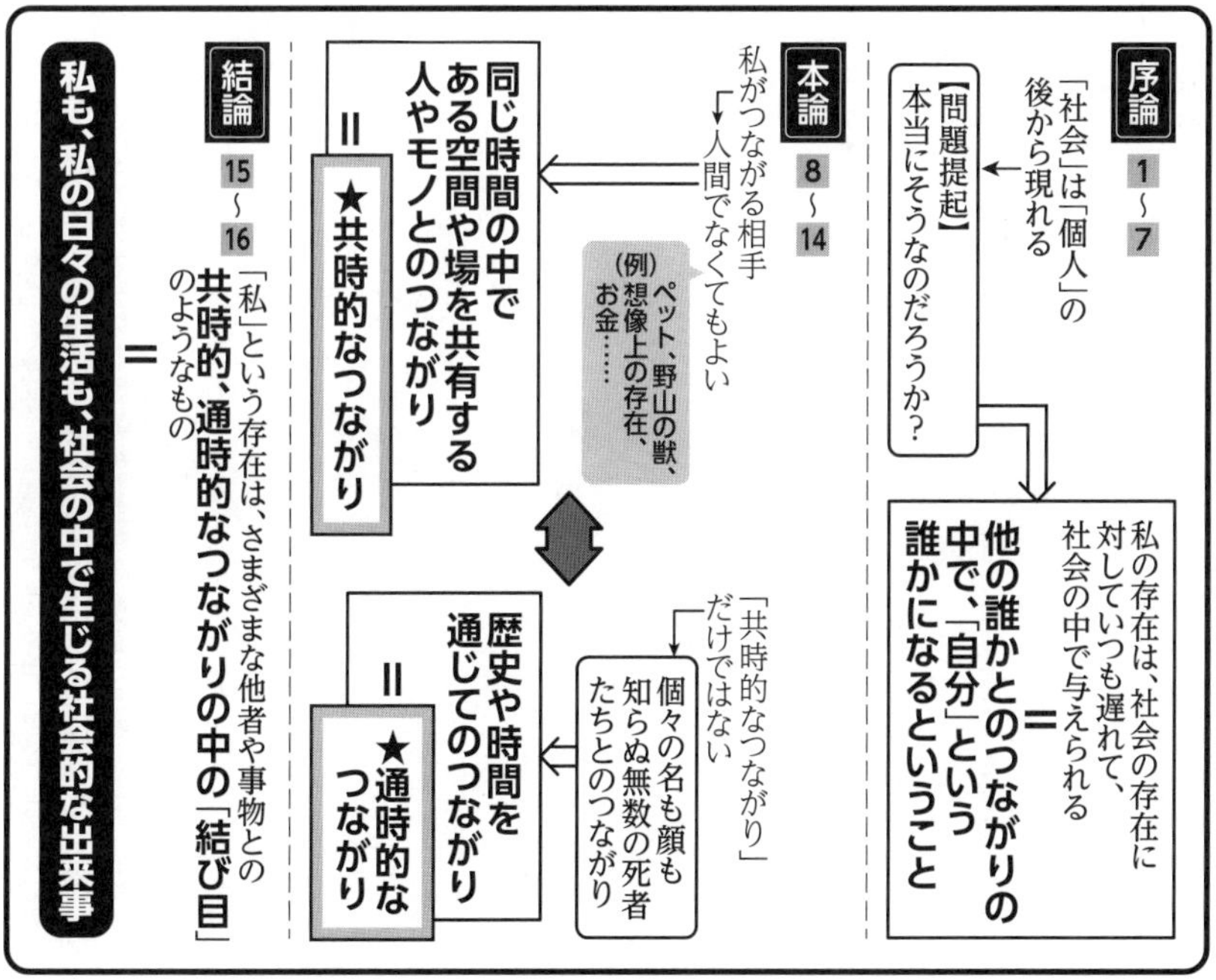

序論 1～7
「社会」は「個人」の後から現れる
【問題提起】本当にそうなのだろうか？
私の存在は、社会の存在に対していつも遅れて、社会の中で与えられる
＝
他の誰かとのつながりの中で、「自分」という誰かになるということ
本論 8～14
私がつながる相手
人間でなくてもよい
（例）ペット、野山の獣、想像上の存在、お金……
同じ時間の中である空間や場を共有する人やモノとのつながり
＝
★共時的なつながり
「共時的なつながり」だけではない
個々の名も顔も知らぬ無数の死者たちとのつながり
歴史や時間を通じてのつながり
＝
★通時的なつながり
結論 15～16
「私」という存在は、さまざまな他者や事物との
共時的、通時的なつながりの中の「結び目」のようなもの
＝
私も、私の日々の生活も、社会の中で生じる社会的な出来事

ママ語の正体

（本文23ページ）

【解説　境野哲夫】

【作品解説】

人のアイデンティティを支えるものの一つに「言葉」がある。どの言語を使うかによって、人は帰属意識を形成し、自分が何者であるかを確認していくのである。そして、ある人が幼少期に自然に獲得した言語を「母語」という。つまり、「母語」はその人のルーツを示すものなのである。一方で、ルーツを示すことによって差別や偏見を助長することもある。

さて、本文は「ママ語」と筆者が名付けた言葉を軸に、母への感情の変化を綴《つづ》っている。「ママ語」とは、中国語を母国語とする筆者の母が、日本語に中国語と台湾語を混ぜ合わせたものである。結果、不自然な日本語となっているこの「ママ語」を「母語」として習得した筆者は、日本で生活する中で、不自由を感じる。日本語を「母語」とする友達の中で一人だけ自然な日本語を使えないことで疎外感を覚えるのである。

この筆者に向けられた、そして筆者自身が抱いた意識こそが、差別や偏見の発端なのである。実際、筆者は中学生の頃、自然な日本語を使うグループに入るために母を差別して排除しようとする。しかし後に、「ママ語」の正体に気づき、認めることで、母を存在ごと受け入れることができるようになっている。この他者を受け入れる姿勢こそ、多様性を認める態度であり、差別や偏見を避ける原点となる。

【要旨】

母の独特な日本語は、家族に「ママ語」と呼ばれている。母の影響で自分もおかしな日本語を使っていた若い頃の筆者は、母が日本語をまともに話せないことを受け入れられなかった。しかし、中国語を勉強して、「ママ語」が母の母国語である中国語の影響を強く受けていることに気づいた筆者は、「ママ語」は母と故郷とのつながりであると同時に、一つの言語にとらわれない柔軟な思考から生まれた言葉だとして、興味深く観察している。

（二〇〇字）

【脚問　解答】

1　中国語の影響を強く受けた日本語が書かれた看板。

2　母が正しい日本語を話さないせいで、自分が友達に笑われているから。

【理解・表現　解答】

理解1　（解答例）

・母の母国語である中国語の影響が色濃く残っている。

・トンチンカンなニホンゴである。

・筆者は子どもの頃、「ママ語」のせいで笑われたことがあり、「ママ語」が嫌いだった。

・「ママ語」の正体を理解した筆者にとって、ママ語は興味深く、素晴らしいものである。

理解2　「ママ語」は、母の母国語である中国語や台湾語に由来があり、母の生まれ育った環境を示すものである。そして、異なる言語を柔軟につなぎ合わせた「ママ語」は、「わたし」の、日本語だけでものを考えてしまう凝り固まった思考を、心地よく解きほぐしてくれる効果があるものだから。

表現1　省略

【論の構成】

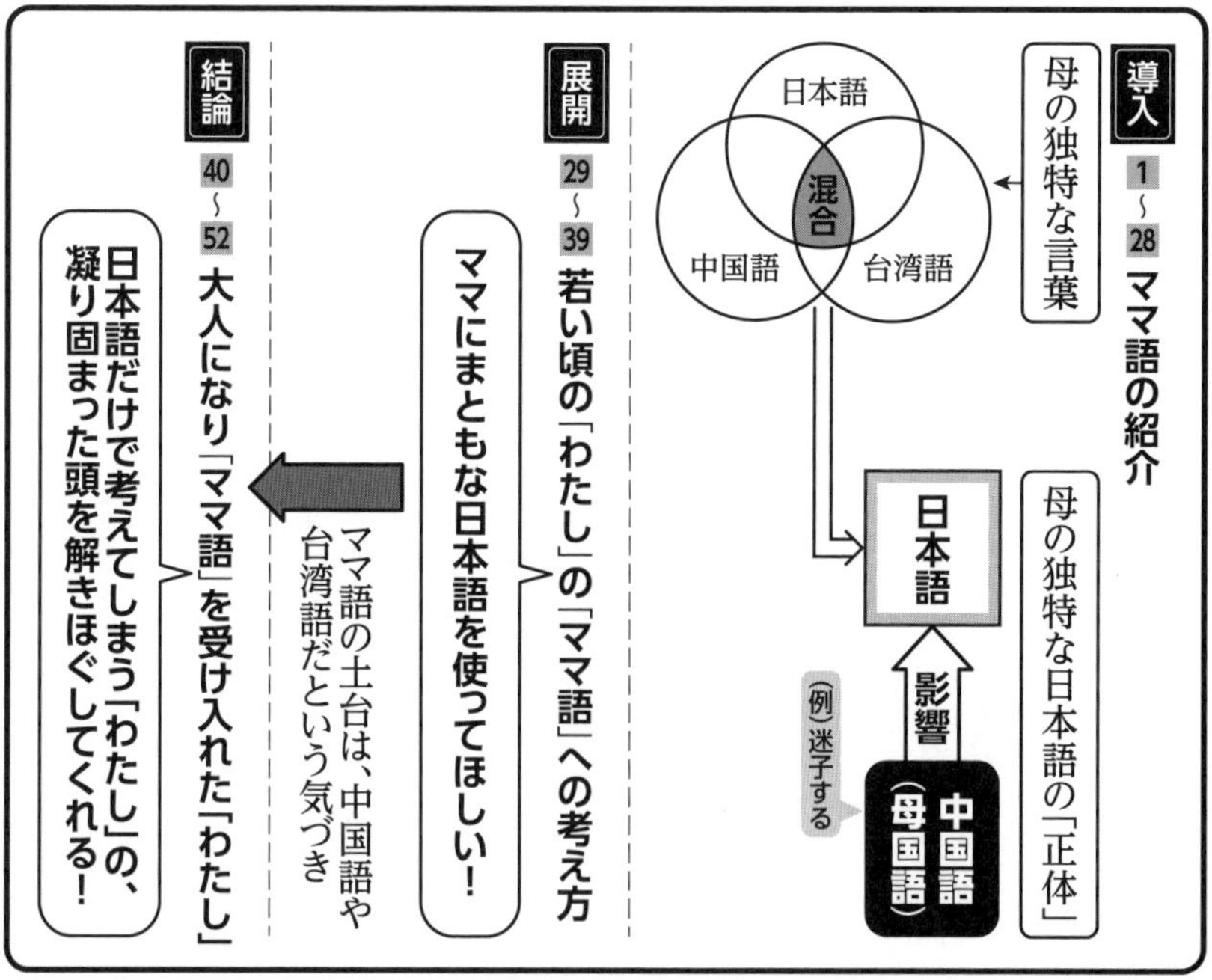

言語から何を学ぶか

（本文32ページ）

【解説　川野貴志】

【作品解説】

私たちは何かを伝える以前に、言葉を用いてさまざまなことを考えている。「去年」「愛」といった概念的な言葉を用いれば、「いま、ここ」にないことについて思考することまでできてしまう。そして文字や音声といった記号のかたちでそれが表現できるからこそ、私たちは抽象的な概念について考えられるし、伝えることができるのだ。

　その記号だが、一つ一つの記号は、それ自体がもともと意味を持っていたわけではない。「き」をkiと読むようになったことと、「き」という文字のかたちとは関わりがない。大事なのは、「き」という文字のかたちが「さ」とも「ち」とも異なっているということだけである。記号の本質が差異であるということはよく出てくる論点なので、ぜひ覚えておこう。

　記号は、人間の消費活動とも結びつく。「ブランドもの」が人気を集めるのは、その品物を持つことが、「お洒落《しゃれ》」「上流」という記号性を帯びることと深く関わる。本文で示されているように、言葉以外のものも記号と見なされうるので、「記号＝言葉」の構図で短絡的に結びつけすぎないようにもしておこう。

【要旨】

　自由に考え、自由に表現できるのは、言語の習得や習熟があるからだ。ソシュールは、実体よりも先に存在する差異の体系として言語はできていると主張し、モノに後から名前がつくという世界観を覆した。また、言語による世界の区切り方は恣意的だとも主張する。ここから、あらゆる事象を記号と捉える記号学が構想された。彼の言語論は、思想の世界にも大きな影響を与えた。言語を意識せねば、世界のあり方を考えることはできない。（一九九字）

【脚問　解答】

1　言葉を習得しなくては自由な思考や表現はできないということ。

2　常識的な世界観では、事物の存在が名付けに先行すると考えられていたが、ソシュールは、言語で世界を区切ることで初めて事物や概念が生まれると考えた。

3　ただ研究対象を記号と見なしても、知覚されるものにはもともと意味がある上、それを差異の体系として捉え直さない限り発見的な研究にならないから。

【理解・表現　解答】

理解1　一つ一つの言葉は、もともと意味を持っているのではなく、もっぱら他の言葉との差異によってその言葉の意味の範囲が決まっていき、これの繰り返しにより言語の全体が形成されているということ。

理解2　第一段「人間は自由に言葉を使っているわけではない」／第二段「モノより先に言葉がある」／第三段「言語を記号と捉える」

第一段の結論は「人間は言葉を自由に使っている」という思い込みを打破するものだが、同じ思い込みを打破するものとして、第二段でのソシュールの主張が紹介されはじめている。ソシュールの「言語は差異の体系である」という考え方は、第三段で示される言語を記号として捉える考え方の元になっている。

表現1　「手指」が、英語では fingers と thumb に分かれる例。英語の brother が、日本語では「兄」「弟」という語に分かれる例など。

【論の構成】

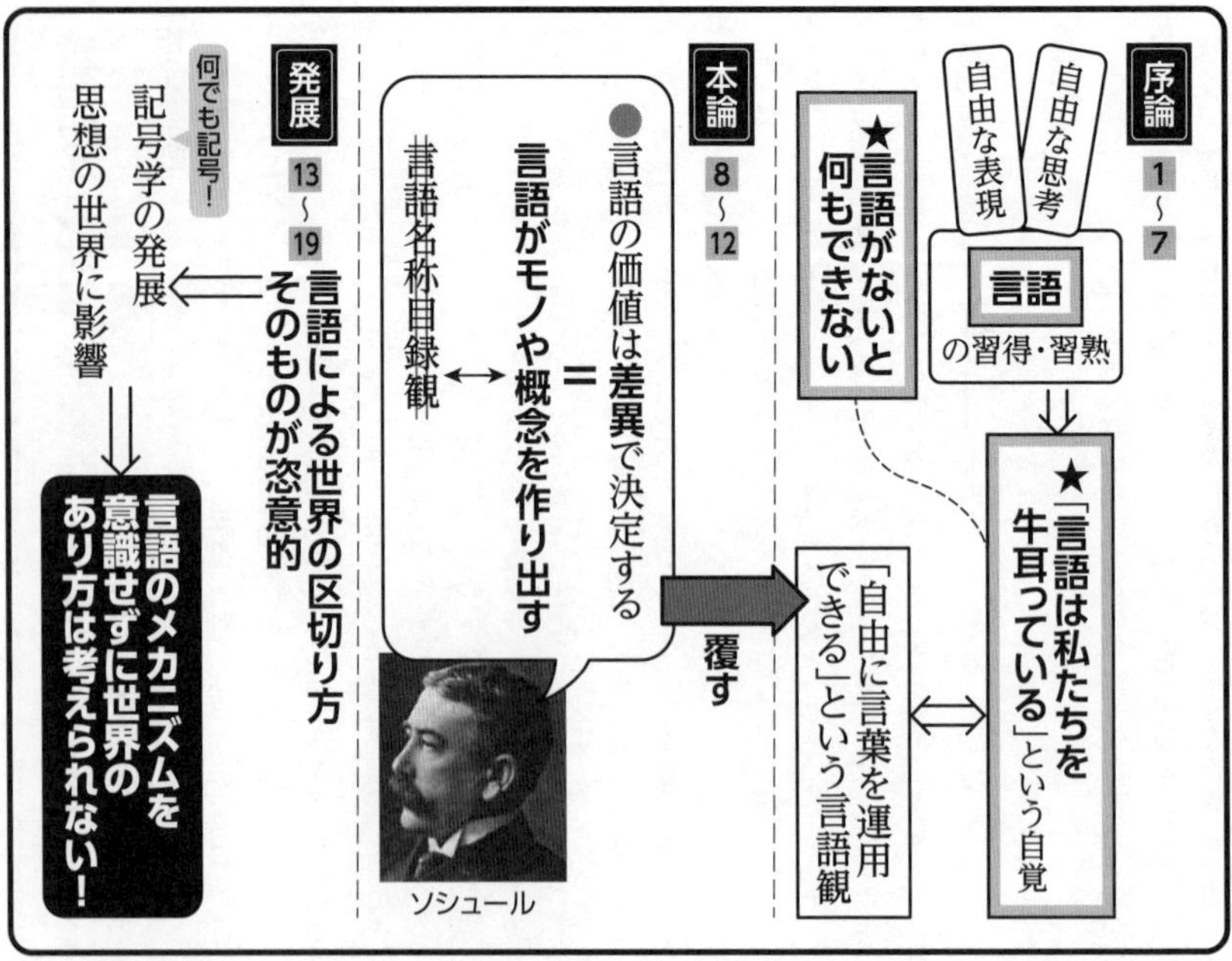

身分けと言分け

（本文38ページ）
【解説　八木澤宗弘】

【作品解説】

本文は「言葉」と「知覚」との関係について述べているが、読解の前提として「現象」の意味を押さえておく必要がある。これは哲学者フッサールの「現象学」を意識したもので、「認識できる対象として現れる」という意味である。この語は使われ方によってその範囲がさまざまだが、本文で扱うのはあくまで心の中の出来事だ。本文に限れば、主語が対象の場合は「現象」、「私たち」の場合は「認識」のことだと考えておけば読解しやすい。

言葉とは一般に、知覚に影響を及ぼすものではないと考えられているが、本文は、言語的分節化は知覚的分節化に関与する、と主張する。例えば、私たちが砂糖を「甘い」と認識する際に「舌が甘味成分を捉えたからだ」と考えるように、そこには五感による知覚のみが関わっていると感じられる。しかし本文に則ると、そもそも甘味を表現する言葉を知らない人は、砂糖を舐《な》めても甘さを認識できないことになる。

甘味はあまりに身近なため、この主張は詭弁《きべん》に感じられるかもしれないが、旨味ならどうか。長い間、塩味と甘味が調和したものにすぎないと思われていた旨味は、日本人によって独立した味として提唱され、世界に認められて初めて味の基本要素の一つとなった。この事実は、これまでも旨味成分は存在し、人々の舌を刺激し続けていたのに、表現する言葉がなかったせいで識別できなかったということを示している。

これはもちろん味覚に限った話ではない。ひとたび「言分け」が存立した状況においては、私たちの知覚は言葉によって統御されるのだ。

【要旨】

「身分け」が五感を介して世界を知覚し分節化する一方で、「言分け」は言語によって分節化する。言葉は身体的分節化に二次的に付け加わるのではなく、知覚によって分節化された世界に微細な分節化を持ち込み、認識に影響を及ぼす。「言分け」は「身分け」を基盤に持つが、ひとたび存立するとおのれの内に包摂し・統御するため、すでに「言分け」の存立している状況では、「現象」するすべては言葉を習得することで識別可能となる。

（二〇〇字）

【脚問　解答】

1　「身分け」にことさら「言分け」が関わる必然性は、少なくとも私たちが生きていく上ではないと思われるような状況。

2　「言分け」が、「身分け」によって大雑把に分節化されていた世界の「現象すること」にさらなる微細な分節化を持ち込み、明確な輪郭をそなえた「現象するもの」として認識可能となること。

3　「身分け」を必要としない独立した存在であるということ。

【理解・表現　解答】

理解1　「身分け」とは、五感を介した知覚によって世界を分節化する行為。「言分け」とは、言語によって世界を分節化する行為のこと。

理解2　「言分け」は、その存立のために「身分け」を必要とするが、ひとたび存立すれば、「言分け」による世界の分節化が「身分け」のうちに浸透し、おのれの内に包摂・統御する。「言分け」は「身分け」なしには存立しえないが「身分け」は「言分け」なしでも存立しうるので、両者の間には一方向的な階層秩序が成り立っている。（一四九字）

表現1　省略

【論の構成】

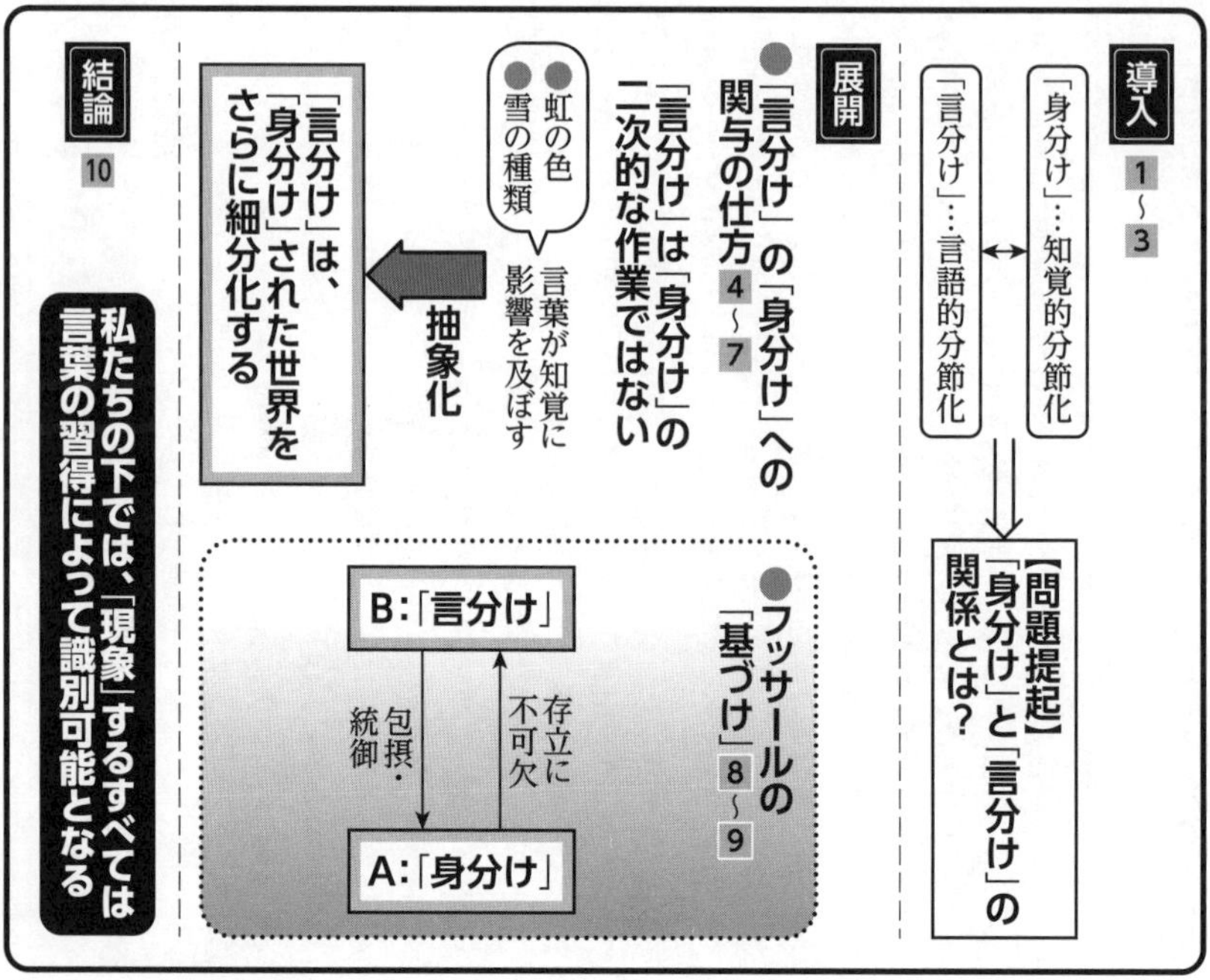

導入 1～3
「身分け」…知覚的分節化
「言分け」…言語的分節化
【問題提起】「身分け」と「言分け」の関係とは？
展開
●「言分け」の「身分け」への関与の仕方 4～7
「言分け」は「身分け」の二次的な作業ではない
●虹の色
●雪の種類
言葉が知覚に影響を及ぼす
抽象化
「言分け」は、「身分け」された世界をさらに細分化する
●フッサールの「基づけ」 8～9
B:「言分け」
存立に不可欠
包摂・統御
A:「身分け」
結論 10
私たちの下では、「現象」するすべては言葉の習得によって識別可能となる

名づけえぬもの

（本文44ページ）
【解説 李野祐資】

【作品解説】

言葉には、事物の説明や経験の要約、円滑な意思疎通などの働きがあるが、それだけではないと筆者は言う。「呼びかける言葉」。人がこの世界の名づけえぬ領域の一端を垣間見たとき、生まれる言葉である。

アメリカの詩人、エミリー・ディキンソンは詩人を「平凡な意味の世界から／比類なき感覚を引き出してみせる者」と定義している。本文で筆者は「私と私をとりまく世界との関係をたえず新しく編みあげてゆく」言葉を、「呼びかける言葉」と名づけているが、これはまさに詩人の専売特許であろう。だがもちろん、詩人にしか扱えない、というわけではない。私たちは作詩を生業としていなくとも、「名づけえぬもの」を、自身の実感に即した、借物ではない言葉で、捉えることができるはずだ。ただし「呼びかける言葉」は身体を根としてたちあがる。例えば優れた詩や戯曲が、言葉を介して人間の眠っていた身体感覚を呼び起こすように。あるいは、身体を介して言葉の思いもかけない輝きを見せてくれるように。

しかし、人を、社会を、隅々まで「情報」として把捉しようとする現代にあって、私たちの身体感覚はますます希薄化してはいまいか。「もっとも人間的なる」言葉のありようが揺らいでいる今、「呼びかける言葉」は生まれ得るのか、本文を手掛かりにあらためて考えたい。

【要旨】

私たちは言葉にならない領域を垣間見たとき、自分と世界とをつなぎとめようと呼びかける言葉を発する。また、言葉は身体を基盤とし

て生成されるため、身ぶりが言葉の役割を果たすこともある。ただし自分の身体を知り尽くすことは難しい。しかしだからこそ私たちは外界に向けて呼びかける言葉を発し、自分と世界とを把握し直そうとする。それは、自分と世界との間に新しい関係をつくりだし言葉の始原に立ちかえる営みである。（一九七字）

【脚問　解答】

1　言葉が個々人の身体や世界の事物総体の中に深く根ざしたものとして理解されることで、単に社会的に流通する既存の表象や概念をあらわすにとどまらない、新たな意味を持ち始めるということ。

2　身ぶりの表現力が、対照的な言葉や同じ言葉の反復、改行など、表記上の工夫に反映されているということ。

【理解・表現　解答】

理解1　(a)【一】1～4〈具体例〉吉原幸子「無題」【二】5～7〈具体例〉旅先での見知らぬ土地の風景・外国の空港での通関【三】8～9〈具体例〉乳児の泣き声・大人の涙【四】10～13〈具体例〉『ハムレット』の独白【五】14～15

(b)【起】1～4呼びかける言葉は自分と世界との間に新しい関係をつくる。【承】5～7私たちは言葉では捉えきれない領域を垣間見た時、言葉が身体や世界の事物総体の中に潜んでいることを理解する。【転】8～13言葉は人間の身体を根として生みだされ、身ぶりもまた言葉であると言える。【結】14～15私たちは身体の暗がりからたちあがった、呼びかける言葉の力に目をひらかれたとき、言葉の始原に立ちかえるきっかけをつかむ。

表現1　省略

【論の構成】

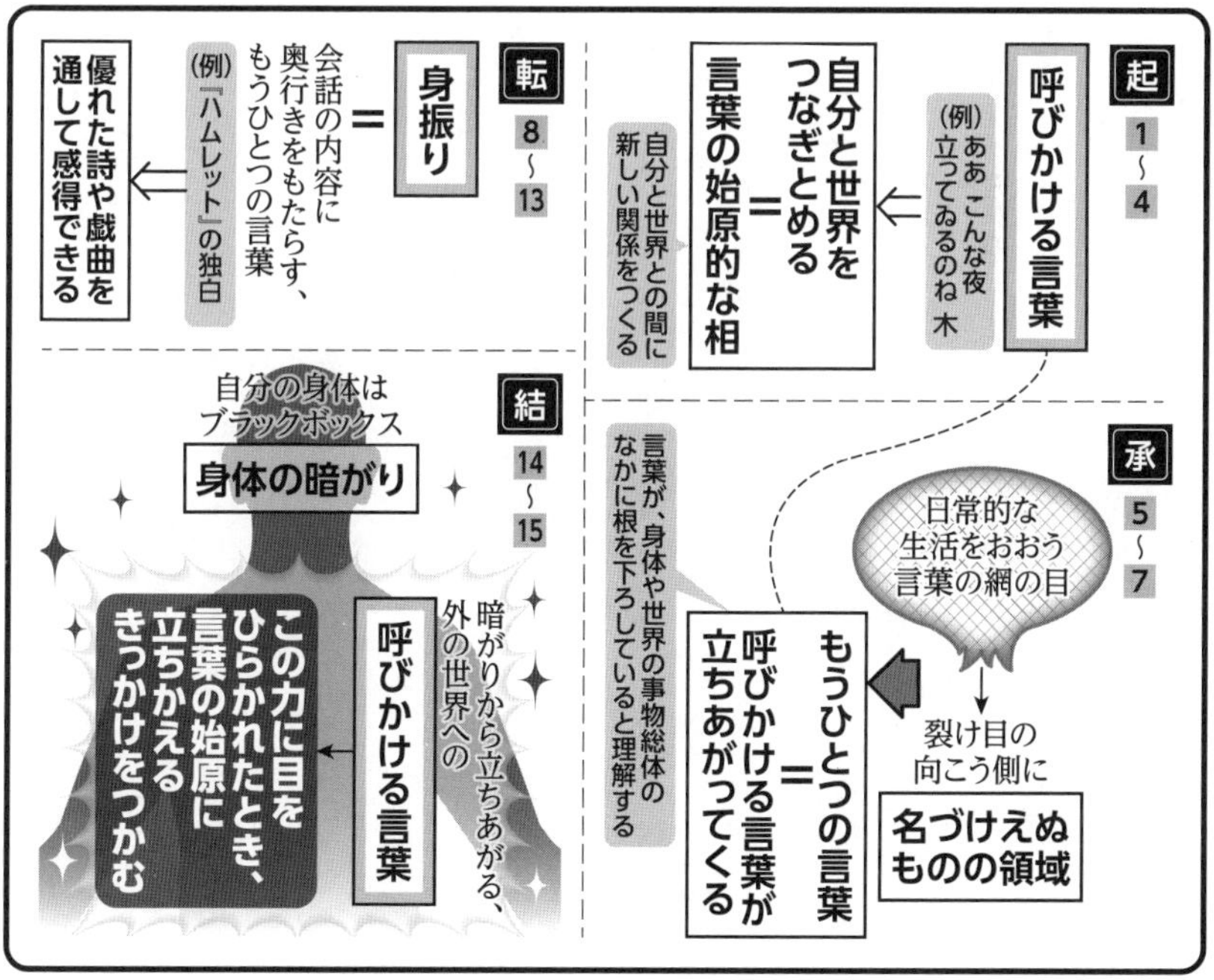
起
1～4
呼びかける言葉
（例）ああ　こんな夜　立ってゐるのね　木
自分と世界をつなぎとめる＝言葉の始原的な相
自分と世界との間に新しい関係をつくる
承
5～7
日常的な生活をおおう言葉の網の目
裂け目の向こう側に
名づけえぬものの領域
もうひとつの言葉＝呼びかける言葉が立ちあがってくる
言葉が、身体や世界の事物総体のなかに根を下ろしていると理解する
転
8～13
身振り
＝会話の内容に奥行きをもたらす、もうひとつの言葉
（例）『ハムレット』の独白
優れた詩や戯曲を通して感得できる
結
14～15
自分の身体はブラックボックス
身体の暗がり
暗がりから立ちあがる、外の世界への
呼びかける言葉
この力に目をひらかれたとき、言葉の始原に立ちかえるきっかけをつかむ

その情報はどこから？

（本文54ページ）
【解説　西村謙一】

【作品解説】

「メディアに中立なんていらない」と、メディアの本質に切り込んだのはジャーナリストの田原総一朗《たはらそういちろう》だが、このことばは、暗黙のうちに私たちがメディアに求めている公正中立という幻想について鋭く批判している。スマートフォンの普及により、インターネットを飛び交う情報に驚くほど簡単に触れられるようになって、私たちがネットの黎明《れいめい》期においては当然だと信じていたことがどんどん崩れ去っている。情報発信者の善意、個人情報の秘匿などは既に神話化したといっていい。ネットに溢《あふ》れる情報の中には、悪意が見え隠れし、その情報に触れるだけでパーソナルな嗜好《しこう》まで盗み出されてしまうものもある。本文ではそのメカニズムについて解説している。そしてそれらは、元をたどれば自分の行動に端を発していることが明かされているのだ。

　気づかぬうちに経済や政治活動の渦に取り込まれ、その内側で踊らされる。高度情報化社会の中で変容する私たちは、この立ち位置から情報受容の営みを始めなければならないのだ。


【要旨】

　インターネットは一見、情報を平等に提供するようだが、情報がそこにある「背景」はなかなか見えない。そんな空間で、私たちは自分にとっての最適解を求めるが、それ自体が確証バイアスの影響を受けがちである。確証バイアスを元に、事業者からはユーザー毎に最適化した情報が提供され、知らぬうちに自分の周りに最適な情報の「泡」をまとう。私たちは常に、この「フィルターバブル」に囲まれていることを意識する必要があるのだ。　　（二〇〇字）

【脚問　解答】
1　自分にとって「本当に必要な情報」を正しく見つけ出すこと。
2　①知らぬ間に特定の主義信条に取り込まれ、多角的な視点を失うこと。
　②自分が知りたいと思う情報ばかりに囲まれ、新たな情報との出会いの機会を失うこと。

【理解・表現　解答】
理解1　「確証バイアス」によって自分に都合の良い情報だけを「本当に必要な情報」として選択し、結果的に偏った判断ばかりしてしまうこと。
理解2　（解答例）過去に海外で有利に使えるクレジットカードを検索した結果、いまだに「クレジットカードの審査を簡単に通過できる」などとうたった広告が表示され続ける。
【着眼点】ウェブサービスが年齢や性別の登録をさせることで、消費者としての類型化を図りつつ、そこに検索結果などをひも付けて確度の高い情報の集合体として個人像を結び、傾向をつかんだ上で広告を打っていることを、実際のサイトから検証してみる。自分がどんなことに興味のある人間として把握されているのか、考えてみる。
表現1　（意見例）幅広い情報を公平な目で判断することができない「フィルターバブル」が加速する。／政治的な問題についても偏った情報から判断してしまい、社会全体が公正な結論を導けず分断が加速する。／ネットを経由した事柄が個人のアイデンティティを一元的に分類してしまい、現実の個人の多様なあり方に目が向けられなくなる。

【論の構成】

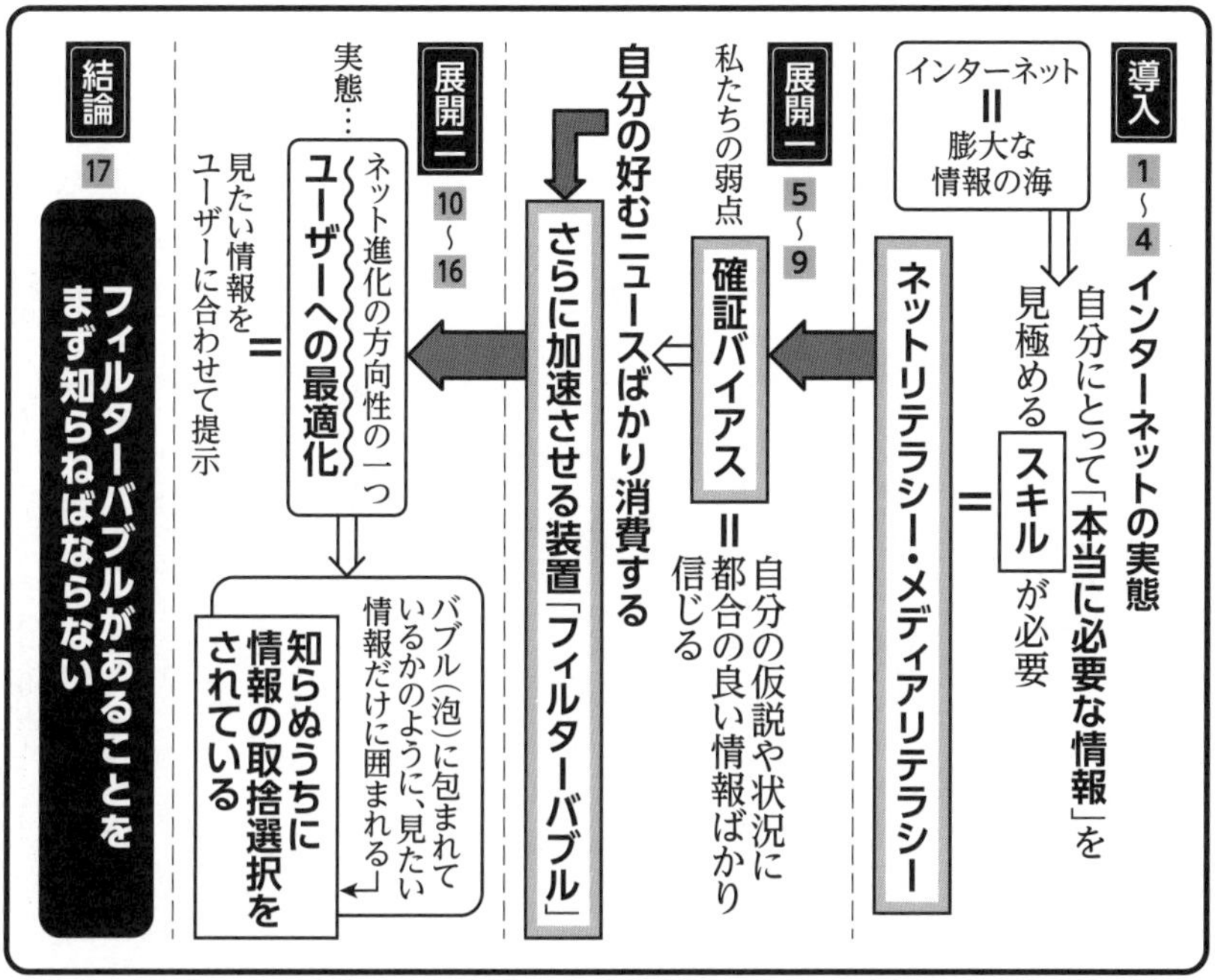
導入
1～4 インターネットの実態
インターネット
＝
膨大な
情報の海
自分にとって「本当に必要な情報」を
見極める スキル が必要
＝
ネットリテラシー・メディアリテラシー
展開一
5～9
私たちの弱点
確証バイアス
＝
自分の仮説や状況に
都合の良い情報ばかり
信じる
自分の好むニュースばかり消費する
さらに加速させる装置「フィルターバブル」
展開二
10～16
実態…
ネット進化の方向性の一つ
ユーザーへの最適化
＝
見たい情報を
ユーザーに合わせて提示
バブル（泡）に包まれて
いるかのように、見たい
情報だけに囲まれる
知らぬうちに
情報の取捨選択を
されている
結論
17
フィルターバブルがあることを
まず知らねばならない

人工知能の歩き方

（本文59ページ）

【解説　小宮啓明】

【作品解説】

本文で筆者は、人工知能は「認識」「判断」「行動」を人間と同様に行うものではないと説く。人工知能の開発の中で、人間の知能に対する研究も深まり、人間の複雑な情報処理能力に気付かされることとなった。ただし、人間が環境を認識し判断して行動する能力に長ける一方、人工知能はデータ記憶と情報を処理する計算力に関しては人間を凌駕《りょうが》する。その特性を生かしながら、いかにして人間の目的に合致した人工知能を製作していくかを、本文は身近なゲームを例にして解説している。人工知能について考える中で、人間の知能が有する能力に関してもあらためて考えさせられる文章である。

将棋・囲碁、自動運転技術、検索やショッピング等、我々の現実社会と人工知能を用いたデジタル世界は徐々に同期が進んでいる。それぞれの場面において、人間のための人工知能が開発されており、今後もその範囲は拡大していくだろう。そこで「人間から見た人工知能」だけではなく、「人工知能から見た人間」という視点を考えることが、人工知能を使うポイントであるとの筆者のメッセージは、今後の人工知能の開発に携わっていく若い世代に大きく響いていくと思われる。

【要旨】

動物が環境をどう知覚するかを探究する生態心理学には、動物と環境との間に存在する関係性を示す「アフォーダンス」という概念が存在する。人工知能に膨大な知識を記憶させることは可能であるが、環境の中からアフォーダンスを発見させることは難しい。環境を認知するフレームを適切に処理できないためだ。この問題を解決せずして、人工知能に人間と同じあり方で物事を判断させることは難しい。（一八三字）

【脚問　解答】

1　人間は環境からアフォーダンスを無意識に認知するから。

2　人工知能にアフォーダンスに相当するデータを与えることこそが困難であるから。

3　人工知能に知識を記憶させれば、人工知能が状況を判断できるようになるということ。

4　本来必ずしも座るために用意されたものではない環境のなかに「座れる」というアフォーダンスを見出《い》だしている

【理解・表現　解答】

理解1　ある生物にとって「環境が自分にとって持つ価値」。／ある生物にとって「その環境にはどんな行動の可能性があるか」というもの。／ある環境の中で、その生物はなにができそうかというもの。／動物は、変化する環境の中で、周りにあるものや状況から、「なにになにができる。」という情報を感知するというもの。

理解2　行動させる命令やそれを実行する仕組みを組み合わせることで製作されるロボットや人工知能は、複雑で多様な環境からアフォーダンスを感知するのが難しく、ものを解釈し認識する枠組みを適切に処理することができないから。

表現1　**〈動物の知能〉**多様で複雑な環境からアフォーダンスを感知し、適切に行動を選択することができる。**〈人工知能〉**多様で複雑な環境からアフォーダンスを感知することが難しく、またそれを適切な枠組みの中で処理することができない。

【論の構成】

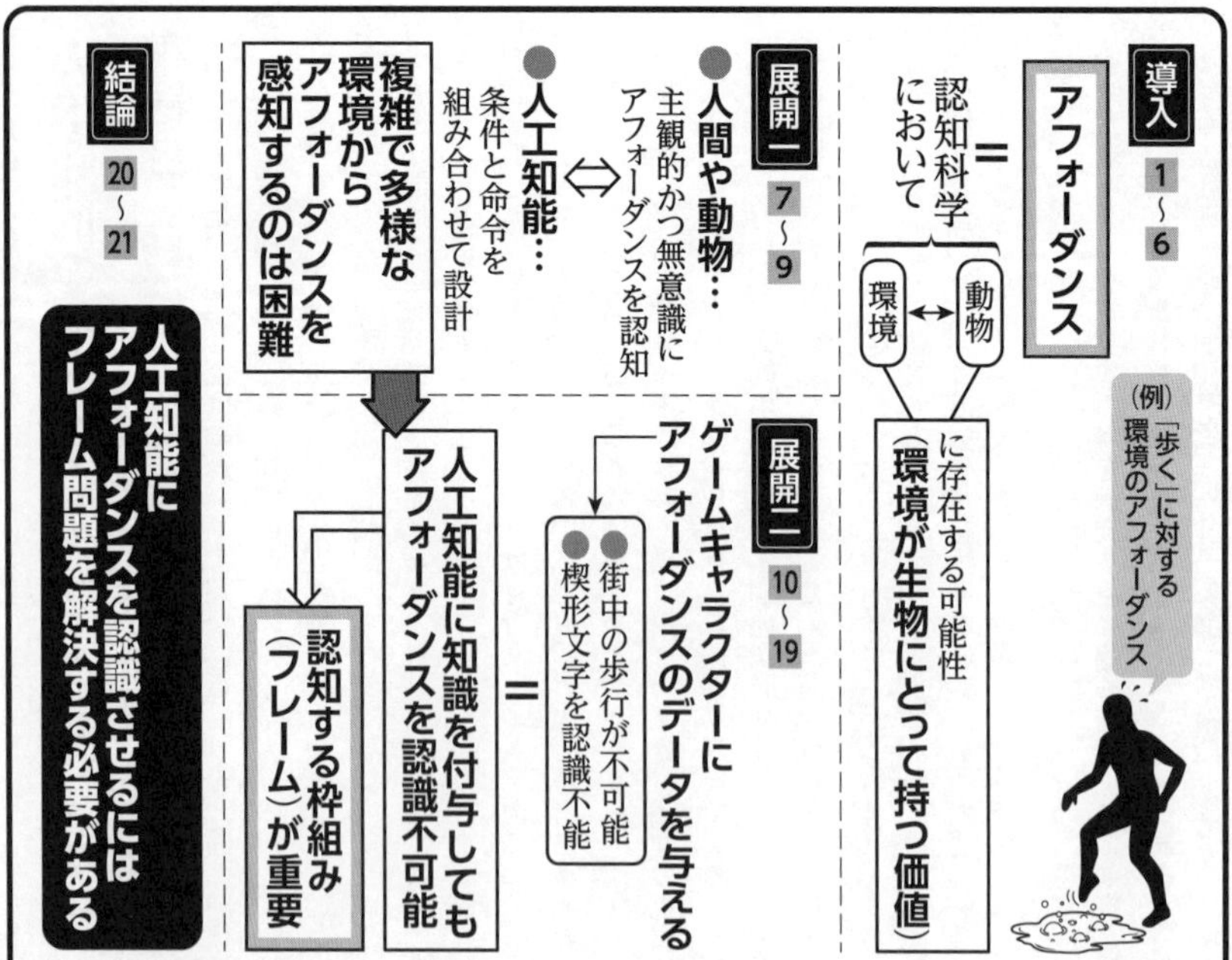

ピンクという固定観念

（本文66ページ）
【解説　石堂有紀】

【作品解説】

本文は、子ども向け娯楽番組がジェンダー規範を反復する一方で、新たな少女像・少年像をも提示していると指摘する。現代の「魔法少女」アニメ、ディズニー映画『アナと雪の女王』の主人公姉妹もまた、従来のジェンダー規範を相対化するヒロインたちである。妹のアナは王子様と恋する夢から覚めて、自ら困難に立ち向かう。姉のエルサは本来の力や特性を押さえ込んできたが、その不自由さから自己を解放する決意を高らかに歌い上げる。視聴者はもはや「無力な受け身の存在」としてのお姫様を受容しない。無意識のうちにジェンダー規範を内面化しそうになる自分を対象化して、乗り越えようと戦い始めている。

ジェンダー・ステレオタイプが問題なのは、それが生まれつきの性別によって人生の可能性の幅を制約するからである。いつも大きな責任を負わされがちな男性の自殺率は一貫して女性よりも高い。また、「LGBTQ」など多様な性の在り方の認知度も高まっているのに、法律などは身体的な性別を絶対視したままだ。不自由な思いをしているのは女性だけとは限らない。ジェンダー規範は、あるカテゴリーに属する人全体に特定の性質を押し付け、それ以外の人を遠ざけてしまう。この人々の意識の構造は、人種差別や出身地域による差別、職業差別など、形は違えど社会のいたるところで見ることができる。

人間本来の性質から見れば必然性が乏しいはずの偏った価値意識の持続に、メディアは大きく関わっている。そのことに一人ひとりが自覚的になり、正しい知識を身に付け、自らの考えに従って選択することが必要である。そうして初めて、私たちは自由で主体的な生を獲得し、また、他者を尊重することができるようになるだろう。

【要旨】

子どもたちはテレビの子ども向け娯楽番組を通して、現実社会のジェンダー意識を内面化している一方で、独自にジェンダーを解釈したり、ジェンダーにとらわれない人物像を受容したりもしている。また、女の子と言えばピンクという固定観念に象徴されるジェンダー規範は、一人ひとりの趣味や個性を無視して女性たち全体に押しつけられ、男性を遠ざける点が問題であり、性別によって人生の可能性を制約することにもつながっている。

（一九九字）

【脚問　解答】

1　革新的な思想が表れないように、原作の要素が省略されること。

2　メディアで肯定的に描かれるのは母親像の一面であって、実際の母親の現実には厳しい面もあるという認識から、自分が母親役を演じることは望まないから。

【理解・表現　解答】

理解1　社会の中で、男性らしい、女性らしいとされる特性で、当該のジェンダーに属する人の行動や判断がそれに沿うよう求められるもの。

理解2　ジェンダー規範とされる特性が、一人ひとりの趣味や個性を無視して当該のジェンダーに属する人全体に押しつけられ、異なるジェンダーに属する人から遠ざけられた結果、性別によって人生の幅が制約されること。

表現1　省略

【論の構成】

導入 1～7 **子どもたちは、テレビの子ども向け娯楽番組を通してジェンダー規範を内面化していく**

●女の子向け／男の子向けを区別
●現実世界のジェンダー構造を反復

⇔

子どもたちはジェンダー・ステレオタイプを自分たちなりに解釈し、独自の〈意味〉を見いだす新たな少女像・少年像も受容している

展開 8～14 **女の子といえばピンク**
↳この固定観念も**ジェンダー・ステレオタイプ**

女の子＝ピンク／男の子＝ブルー
↔
決めつけに対する女性たちの反発もある

女性らしい職業＝「ピンクカラー」と呼ばれる職業の幅がジェンダーによって枠づけられる

【問題点】
一人ひとりの趣味や個性を無視
女性全体に押しつけ
男性を遠ざける

結論 15 **性別によって人生の可能性の幅を制約する・生理的感覚に思われやすいことにも社会的なジェンダーが作用**

なぜ多様性が必要か

（本文76ページ）
【解説　新井通郎】

【作品解説】

自然科学を探究する上で、「生物の多様性」を考える意義は大きい。本文で筆者はまず、自己の体験から語り始める。蝶《ちょう》の食性についてである。確かに葉についている蝶の幼虫は、同じ種類ばかりで異なる種類を見つけることは少ないと、読者に気付かせる。そして、それは限りある資源をめぐる争いを起こさないための生態系が作り出したバランスだとわかる。「ニッチ」と呼ばれるもので、これが他の生物だったらどう当てはまるだろうかと思わせてくる。身近にありつつ、やり過ごしてしまう問題に目を向けさせてくれる。

そして、生命の多様性を保全するために重要な視点、「動的平衡」について考える。エントロピー増大の法則が降り注ぐ世界の中で、生命はバランス＝恒常性を保つために、常に動くことが必要であると説く。これは、生命がわざと仕組みをやわらかく、ゆるく作り、先回りして壊しながら作り直すためだとわかる。「動的平衡」においては、相互依存的でありつつ、相互補完的であり、また、大きくバランスを崩すこともないのである。

さらに、地球環境という「動的平衡」を保持するためにも生物の多様性が必要であると述べている。確かに、弱肉強食の世界、食物連鎖の世界をみても、弱者がすべていなくなるということはない。つまり、生物の多様性が根幹を支えているのである。一方で、生物の多様性が失われ始めたとき、「動的平衡」にも大きな綻びが生じる。そして、この綻びという攪乱《かくらん》をもたらしているのが「ヒト」だ。バランスを考えずに行動してしまう「ヒト」とは、紛れもなく我々自身だ。筆者に

突きつけられた問題をしっかり考えていく必要があるだろう。

【要旨】

蝶の幼虫が自分の食性以外の葉に見向きもしないのは、資源をめぐる争いを避けるために生態系が作り出したバランスで、「ニッチ」と呼ぶ。生命はわざと仕組みをゆるく作ることで壊しながら作り直し、エントロピー増大の法則に打ち勝ち、動的平衡を保つ。地球環境という動的平衡を保持するためにも生物の多様性が必要であるが、生物の多様性が失われてくると動的平衡にも綻びが生じる。ヒトだけが「ニッチ」を守らず攪乱している。

（一九九字）

【脚問　解答】

1　蝶の幼虫たちが自分の食性以外の葉を食べないこと。

2　地球上に少なくとも数百万種あるいは一〇〇〇万種近く存在すると考えられる生物たち。

3　生物の多様性が局所的に失われると、動的平衡に決定的な綻びをもたらすこと。

【理解・表現　解答】

理解1　異なる種同士が限りある資源をめぐって争わないようにするという、生態系が長い時間かけて作り出したバランスがあるため。

理解2　生命はわざと仕組みをやわらかく、ゆるく作り、壊しながら作り直すことによって、「秩序あるものには等しく、それを破壊しようとする力が降り注ぐ」という「エントロピー増大の法則」を防いでいるから。

表現1　省略

【論の構成】

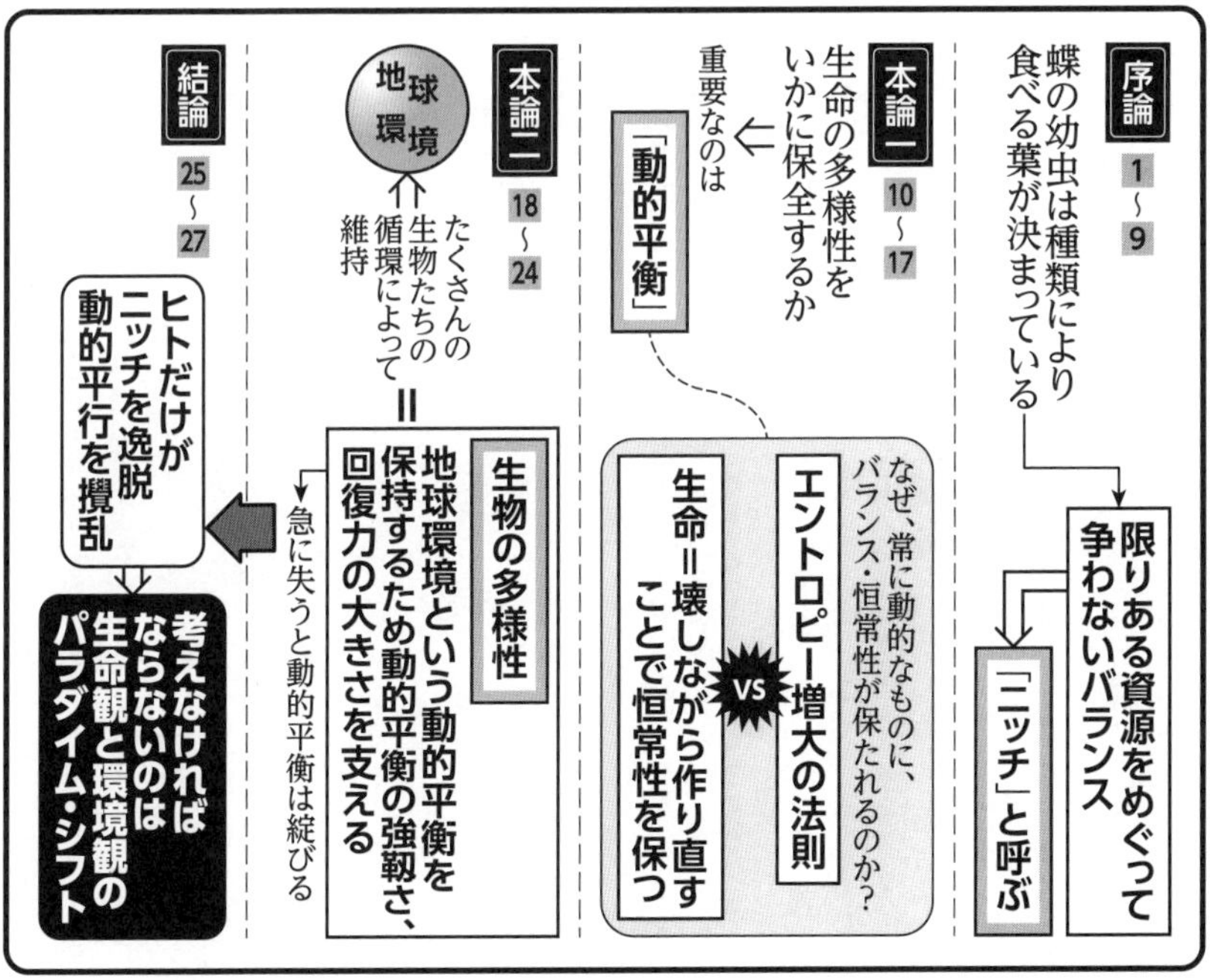

序論
1〜9
蝶の幼虫は種類により食べる葉が決まっている
限りある資源をめぐって争わないバランス
「ニッチ」と呼ぶ
本論一
10〜17
生命の多様性をいかに保全するか
重要なのは
「動的平衡」
なぜ、常に動的なものに、バランス・恒常性が保たれるのか？
エントロピー増大の法則
VS
生命＝壊しながら作り直すことで恒常性を保つ
本論二
18〜24
地球環境
たくさんの生物たちの循環によって維持
＝
生物の多様性
地球環境という動的平衡を保持するため動的平衡の強靱さ、回復力の大きさを支える
急に失うと動的平衡は綻びる
結論
25〜27
ヒトだけがニッチを逸脱動的平行を攪乱
考えなければならないのは生命観と環境観のパラダイム・シフト

専門家に任せて大丈夫？

（本文83ページ）

【解説　編集委員会】

【作品解説】

科学と技術の進歩はとどまるところを知らず、私たちの暮らしは日日便利になるばかりだ。一方で、最新の技術がどのようにしてそのような便利さを実現しているのかは、一般の人々は何も知らない。知らないまま、専門家・研究者が生み出した成果だけを享受することに慣れてしまっている。

だから、問題が発生したときも、判断を専門家任せにしてしまいがちだ。むしろ、専門家に行動の規範を示してもらうことを期待することのほうが多い。しかし、筆者が問題提起するのは、「専門家とは、自分の専門外の分野に対しては一般人と同じく素人なのであり、そして現代社会の抱える課題の多くは複数の分野にまたがる課題なのである」ということだ。医療の専門家が新型コロナウイルスの感染予防策を示すことはできても、その対策が私たちの生計や経済活動にもたらす影響を分析するには経済の専門家が必要になるように、一つの領域の知見だけでは十全な対策を打てないのが現代の諸問題なのである。

「trans」という接頭語には、本文中の「超越する」のほかに、「横切って」「貫いて」「別の側へ」というニュアンスも含まれている。意見や専門の異なる者同士が対話したり、専門家と一般人が対等に議論したりするのは難しいことだが、意思が「阿吽《あうん》の呼吸」で伝わるような近しい者同士で話してばかりいると、行き着く先は「フィルターバブル」（本冊五六ページ）かもしれない。領域横断的な視点を持ち、「ＰＴＡ」や「熟議」を恐れない姿勢こそが、科学の問題に限らず、これからの社会を作る上で大切なのである。

【要旨】

かつて科学は現実世界とは関係のないものと思われていたが、二度の世界大戦をきっかけに、行政や産業が科学研究の成果を日常生活のあらゆる場面で活用するようになったことで、科学者だけでは正しい判断を下せないような問題も生じるようになった。これからは、専門家に問題の解決を任せきりにするのではなく、分野を超えて多様な人人が知恵を持ち寄り、議論を尽くしながら意思決定を図っていく必要がある。

（一八八字）

【脚問　解答】

1　科学者は社会と関係のない研究にかまけている人種だという感覚。

2　政府の期待通り、核兵器という大量殺戮兵器を完成させてしまったということ。

3　生活のあらゆる場面で科学の成果が利用されるようになった時代。

4　科学者の判断だけで解決できる範疇《はんちゅう》を超えるということ。

【理解・表現　解答】

理解1　一つ目の顔…一般社会に役立つかどうかは気にせず、関心のあることを研究する側面。／二つ目の顔…社会と大きな関係を持ち、その研究の成果を人々の日常生活の中で生かしていく側面。

理解2　社会の重大な課題を他人任せにするという民主主義に関わる点と、そうした課題はしばしば科学の専門家だけでは解決できないという点に問題がある。

表現1　科学が先鋭化するあまり、一般社会の常識や感覚からかけ離れたものになってしまっているということ。

【論の構成】

序論 1〜15 **科学の二つの顔**

科学の一つ目の顔 1〜3 〈具体例〉野々宮宗八（『三四郎』）

「自分にとって関心のあることを研究することが大事で、現実世界の役に立とうなどとは考えない」

科学の二つ目の顔 4〜15 〈具体例〉ナイロン・原子爆弾

「産業や国家行政によって活用されることで、現実世界の人々の生活に大きく関わるようになる」

本論 16〜23 **トランスサイエンスの誕生**

【問題提起】「社会での意思決定は誰がすべきか？」
（科学技術のことは専門家に任せておけばいいのか？）

〈問題点〉

①民主主義社会に属しながら、自らの意思決定を放棄することにつながる！

②**現代の科学技術がらみの問題は、科学の専門家だけでは解決できない！**

〈具体例〉BSE感染・GMO（遺伝子組換作物）

＝ **トランスサイエンス（科学を超えたもの）**

結論 24〜28 **科学に参加するということ**

専門家に任せきりにしていい時代の終わり 〈具体例〉裁判員制度／PTA（参加型技術評価）

●専門家ではない一般の人々の常識・良識への期待

●いろいろな人たちがいろいろな意見を持ち寄って議論を尽くす

⇒ **「熟議」が求められる社会**

持続可能な発展と環境権

（本文91ページ）

【解説　伊吹侑希子】

【作品解説】

地球温暖化をはじめ、大気汚染や異常気象など環境が激変する中、私たちの考え方は、人間中心の自然観から脱却し、人間も自然環境の一員であるとする環境倫理に基づいて、自然との共生を目指す方向に変わってきている。本文は、環境権という法の観点から、経済と環境のバランスについて論じられている。経済発展を重視し、環境保全を経済発展の枠内で行うというかつての「調和条項」から、経済活動を環境に合わせる「持続可能な発展」という考え方に、法律もシフトしている。

そこで、国連に加盟する一九三か国が、二〇一六年から二〇三〇年までの十五年間で達成する行動計画「ＳＤＧｓ（Sustainable Development Goals・持続可能な開発目標）」を採択した。気候変動への対策、安全な水の確保、海洋資源・生態系の保全などによって、将来世代への生存責任を果たすことにつながる。

ＳＤＧｓで取り上げられている環境汚染や貧困・格差といった課題は、それぞれ関連性があり、一つの国や地域だけで個別に解決できるものではない。ＳＤＧｓでは「誰ひとり置き去りにしない」ことが理念として掲げられている。だからこそ、世界はつながっていると自覚し、地球規模で取り組む必要があるとともに、国や企業・個人の誰もが「自分ごと」として、次世代にどのような環境を引き継ぐのか、多面的な視点から課題解決への一歩を踏み出すことが求められている。

【要旨】

日本の豊かな自然環境は、経済成長を重視することで劣悪となった。しかし、国民の健康に被害が出始めると、経済発展を阻害しない範囲で生活環境と調和を図る法制度が設計された。その後、環境資源は有限であり、将来世代に配慮して環境保全が実現できる範囲で経済発展を考える「持続可能な発展」が国際的・国内的環境法の根底となった。一九七〇年ごろには、未然に生命・健康被害を防ぎ、環境破壊を食い止める環境権が提唱された。（二〇〇字）

【脚問　解答】

1　環境との付き合い方をよく知っていて、利用者相互が調整をしながら環境の恵みをわかちあおうという知恵。

2　多額の設備投資や生産ペースを落とすようなことは、事業の成長に支障が出てしまうので避けたいから。

3　国民の生命・健康への危害からは守りつつも、環境保護によって経済的利益が減少しないように考えられた条項だということ。

4　生命・健康への影響が問題とされる時点では、すでに生活環境が汚染されたり悪化したりしているので、被害の有無にかかわらず生活環境に影響を与える行為を早い段階で食い止めること。

【理解・表現　解答】

理解1　煙が空に広がる光景を経済発展の象徴として肯定的に捉えることは、現代においては理解できず、驚きあきれることだから。

理解2　野生動植物を絶滅に追い込むことは、生態系の破壊につながり、将来世代への環境保全が実現できていないため、持続可能な発展とはいえないから。

表現1　省略

【論の構成】

導入 1 **かつての日本…豊かな自然環境と共生する「知恵」を持つ**

展開 2～12 **戦後の経済成長時代…経済発展を重視した人間中心の自然観**

経済重視による環境汚染の悪化 ← 深刻な汚染に対する環境政策が必要

産業の健全な発展と調和する範囲で環境保護の実現を図る法制度の設計 ＝ **「調和条項」**

結論 13～19 **一九七〇年代以降…将来世代や生態系に目を向け、未然に環境破壊を防ぐ**

環境権 **の提唱**

＝

「持続可能な発展」環境保全が実現できる範囲で経済発展を考えることが国際的・国内的環境法の根底をなす

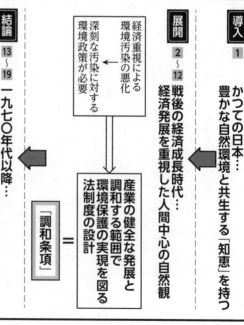

共同体から社会へ

（本文100ページ）
【解説　山田聡子】

【作品解説】

「近代」から「現代」への流れを理解するのに、前近代的な「共同体社会」から近代市民社会の基盤となる「都市」への変遷は重要なポイントとなる。本文は、「さるかに合戦」を例にあげ、モノの取引と人のつながりの観点から「共同体」や「都市」についてわかりやすく解説する。ここで触れられているのは都市の誕生までであるが、共同体の解体とともに「個人主義」という概念が生まれたことと、現代はインターネットの発達とともにあらゆる分野で価値観の多様化がすすみ、ますます顔の見えない社会となっていることも押さえておきたい。

筆者は「ゲーム理論」を専門とする経済学者である。ゲーム理論とは、「さまざまな人間関係の中に生きていく上で、相手の立場や気持ちを論理的に分析し行動するための思考法」であり、経済学に特化した考え方ではない。本文の出典には他に、「自立するためには依存先を増やすことが大切で、その依存先を提供してくれるのが市場だ。（中略）自立と依存の間にある深い関係を探ることで、市場経済の本質が見えてくる。逆も真だ。市場の本質を探っていくと、自立と依存の間の深いつながりが見えてくる。」と述べられており、「社会」や「経済」への考察が、「個人の生き方」について考えることにつながることがわかるだろう。

「経済論」だけでなく「日本人論」「グローバル化」「IT化社会」等のテーマについて考える契機として、是非一読を勧めたい。

【要旨】

自然状態では、人々が闘争でモノを奪いとる秩序の乱れた生産性の低い社会だった。そこからまず人々は共同体を形成し、信頼と協調のもと秩序を維持し、モノを作り分かち合う互恵的な社会を作り上げた。そして強い共同体は弱い共同体を傘下に、大きくなっていった。共同体がさらに大きくなり見知らぬ人が集まる都市になると、信頼関係による秩序維持は難しくなり、法が登場した。また、物々交換に代わり貨幣による取引が浸透した。

（一九九字）

【脚問　解答】

1　強い者が弱い者から物を奪い取ってもかまわない状態。

2　他人の物を奪っても、顔見知りのいないところに逃げてしまえば罰を与えることはできなくなるから。

3　物と貨幣の交換で成立する、相手のことを記録したり記憶したりする必要のない取引。

【理解・表現　解答】

理解1　ホッブズが自然状態における秩序維持のためには王権強化が必要であると説いたことに対して、「さるかに合戦」は強者が弱者をむやみに押さえつけると逆にあだ討ちされる可能性があることを示し、王権強化の問題点を示唆している点において「恐るべし」と言える。

理解2　多くの人が集まり見知らぬ人たちの集団である都市という形態が生まれたことが、一定の集団が助け合うことで成り立つ共同体という形態から、さらに次の段階へ進む契機となったこと。

表現1　貨幣の本質は、誰とどのような取引をしたかという記録や記憶を代替している点にあり、取引を媒介する存在なので、貨幣自体の物としての価値は問われないから。

【論の構成】

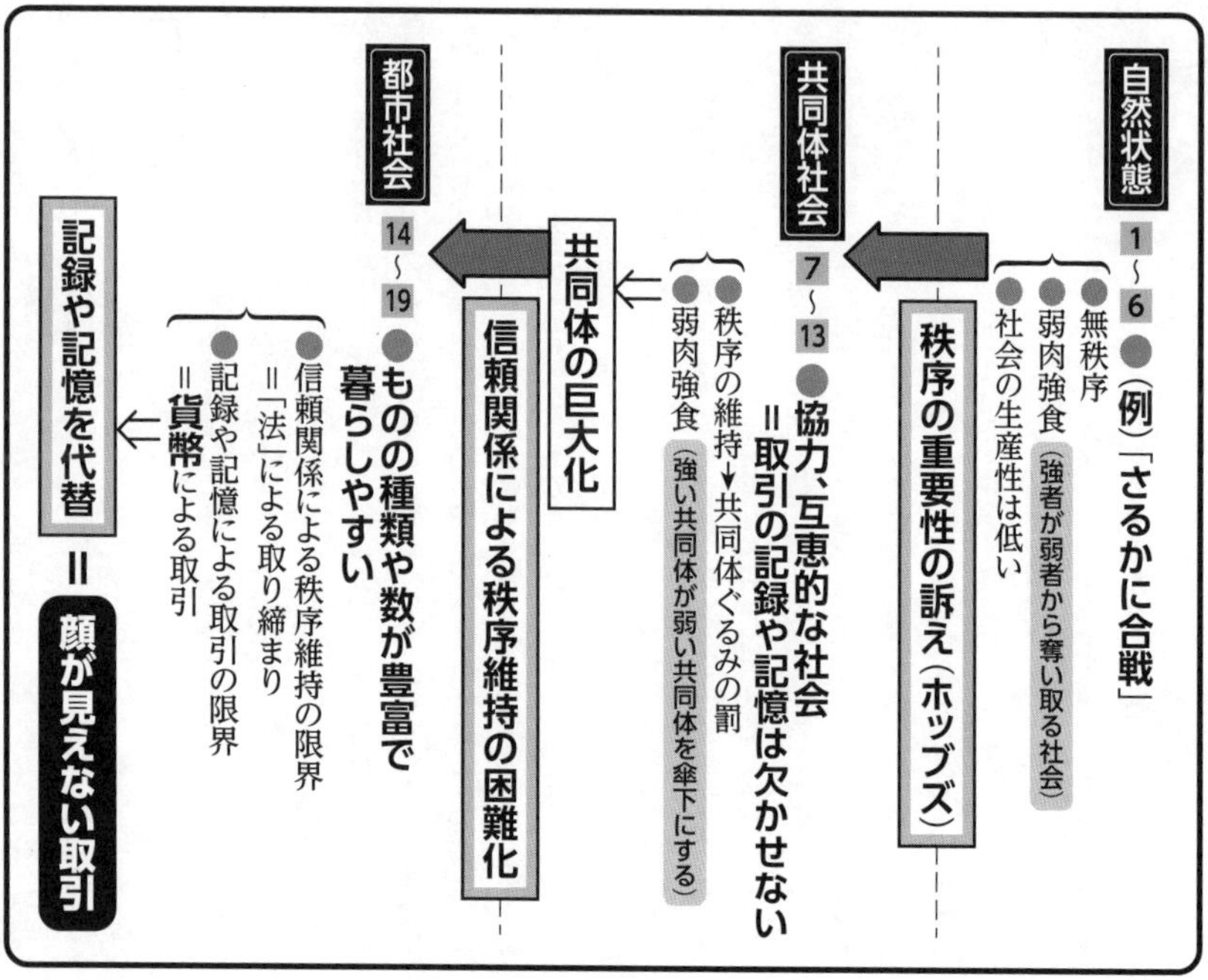

「借り」の哲学

（本文105ページ）

【解説　林　真也】

【作品解説】

「贈与」は、大変に身近なものだ。例えば、お年玉。もらった子どもは喜んでいるだけかもしれないが、子どもの親はお年玉を差し出した親戚に対して「悪いね、ありがとう。」という気持ちを抱くだろう。筆者の言う「借り」である。その親戚に子どもができれば、やはりお年玉を渡すことで、その「借り」を返そうとする。こうして、お年玉という「贈与」そのものが交換される。これが「贈与交換」である。重要なのは、このシステムが、親類縁者という狭い共同体を前提にしているという点だ。親類縁者だからこそ「来年もまた会える」と信頼することができる。また、それゆえに、お年玉の「借り」は返されるだろう、と信頼することもできる。共同体は信頼を生みやすいのだ。

筆者は「社会」という大きな単位で、こうした信頼を醸成し、「借り」の意識にもとづく「贈与交換」を駆動させよう、という構想を持っている。「共同体」に代えて「社会」を志向するこのあり方は、近代以降を生きる我々にとっては至極当然であるが、一方で近代社会とは「自立した個人の集まり」を指す。「自立した個人」は、ニーチェのいう「負債」概念によっては説明しやすいものだが、「借り」の意識とは相性が悪い。筆者は近代の向こうに新たな社会の形を見据えている。

【要旨】

ニーチェは等価交換的な「負債」が社会的な人間関係の基本だと考えたが、モースは「借り」を評価した。「借り」は贈与によって生み出され、返礼を促すことで互いの関係を持続させる。また、「負債」

は返済による事後的な信頼を生むが、贈与交換には相手が返してくれることへの事前の信頼が必要である。この事前的な信頼関係を社会全体で構築し、個人と社会との間で贈与交換を通じた持続的な関係が作れる社会を目指すべきである。（一九九字）

【脚問　解答】

1 借りたものと物質的、経済的、法的に同等のものを返すことで解消されるものだということ。

2 《貸し》のあるほうと《借り》のあるほうが絶えず立場を変えながら、互いに贈与し続けあう関係。

3 贈り物をすればきっと相手は返してくれるにちがいないと、返ってくる前から互いに相手を信じる気持ち。

4 個人が生きるための負担。

【理解・表現　解答】

理解1　ニーチェは《負債》が、等価交換的で、約束を守り責任を持つという「道徳」と、約束を破れば罰が生じるという「法」のもとになるものだと考えていた。しかし筆者はモースの、《借り》に高い価値を与え、法や経済の枠を超えた等価交換的ではない《贈与交換》の方が、目指すべき社会を考える上で興味深いと感じたから。

理解2　等価交換の社会では、《負債》は債務者が債権者に等価の物を返済することで解消される。一方、《贈与交換》をもとにした社会では、《贈与》の受け手は贈り手に返礼をすることで《借り》を返すが、それは最初の《贈与》と等価である必要がない。したがって、当事者間の《借り》は解消されず、《贈与》が持続的に行われることになる。

表現1　省略

【論の構成】

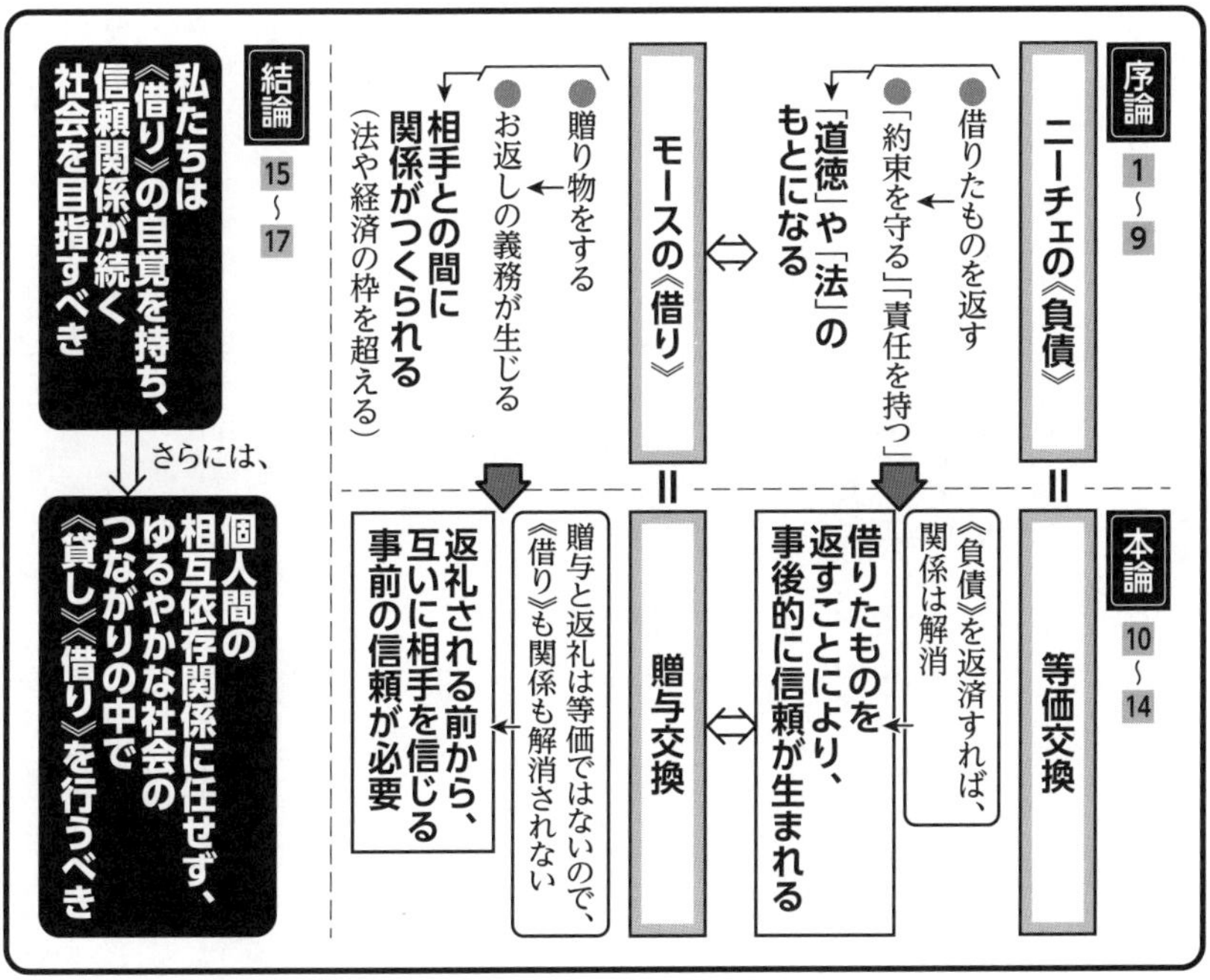
序論
1～9
ニーチェの《負債》
借りたものを返す
「約束を守る」「責任を持つ」
「道徳」や「法」のもとになる
モースの《借り》
贈り物をする
お返しの義務が生じる
相手との間に関係がつくられる
（法や経済の枠を超える）
本論
10～14
等価交換
《負債》を返済すれば、関係は解消
借りたものを返すことにより、事後的に信頼が生まれる
贈与交換
贈与と返礼は等価ではないので、《借り》も関係も解消されない
返礼される前から、互いに相手を信じる事前の信頼が必要
結論
15～17
私たちは《借り》の自覚を持ち、信頼関係が続く社会を目指すべき
さらには、
個人間の相互依存関係に任せず、ゆるやかな社会のつながりの中で《貸し》《借り》を行うべき

資本主義と「人間」

（本文112ページ）

【解説　喜谷暢史】

【作品解説】

「経済」とは「経国済民」、「国を治め民の生活を安定させること」を指す。ところが今日の「資本主義」と「人間」の関係は、「人間」疎外の状況が甚だしい。資産家のトップ数十人の財産が地球上の半分の富に匹敵する事実や、わが国の長い経済停滞は、「人間」が生んだ「貨幣」や「商品」により自らが窮地に立たされる異常事態だと言える。

本文中の『ヴェニスの商人』とは、ユダヤ人金貸しシャイロックが人肉裁判でやり込められるシェイクスピア喜劇である。ところでこの「商人」とは、強欲な彼のことではない。危険は伴うが、成功すれば莫大な利潤を得る貿易商人アントーニオを指す。国家間の価格の差異を媒介にして、利潤を生み出すのが『ヴェニスの商人』の時代の商業資本主義である。その後、産業革命を経て登場したのが、労働者が生む余剰価値を利潤とする産業資本主義であった。

本文のキーワードはマルクスの「物神化」である。産業資本主義の利潤創出は、農村人口が都市に流入し、実質賃金率を下げるため安定していた。この歴史的安定性は「人間」存在を措定してしまい、産業資本主義における「錯覚」は「物神化」ではなく、むしろ「人神化」の産物にほかならなかった。そして現代は、差異そのものである情報を商品化し利潤を生み出すポスト産業資本主義が進行する。その仕組みは、ヴェニスで行われていたことと同じだと筆者は看破するのである。「人間」は、一度として資本主義の歴史の中で中心ではなかったと見抜く筆者の視点には、「人間」疎外の「資本主義」と、我々がどう対《たい》峙《じ》すべきかのヒントが隠されている。

【要旨】

国家間価格の差異が利潤となる商業資本主義の後、労働者が剰余価値を生む産業資本主義が登場する。今日のポスト産業資本主義は情報の差異が利潤を創出する点で、「ヴェニスの商人」と同じである。産業資本主義は農村人口過剰で利潤が安定し、故に経済の背後に「人間」を錯覚していた。だが先進国では過剰人口は枯渇し、差異が価値であるポスト産業資本主義が進行する。「人間」は資本主義社会で常に疎外されてきたのである。

（一九七字）

【脚問　解答】

1　一国の富の真の創造者を、産業資本主義のもとで労働する人間に見いだすこと。

2　技術や通信など情報そのものを商品化する新たな資本主義。

3　農村の過剰人口のおかげで、都市の産業資本家が、労働生産性と実質賃金率との差異を媒介できること。

【理解・表現　解答】

理解1　地域間格差や労働者の生む剰余価値、ひいては情報産業など、差異を媒介にして利潤を生み出す中世からの商業の原理。（注：本文では右記を資本主義の特徴として挙げているが、一般的に資本主義とは、労働者を雇い入れた資本家による利潤追求の経済体制を指す。）

理解2　地理的に離れた土地間の価格の差異を媒介に利潤を生み出す商業資本主義が興り、産業革命を経て、労働者が生産する余剰価値から利潤を得る産業資本主義が出現。今日では情報そのものを商品化し、差異が価格を作り利潤を生むポスト産業資本主義が進行している。

表現1　省略

【論の構成】

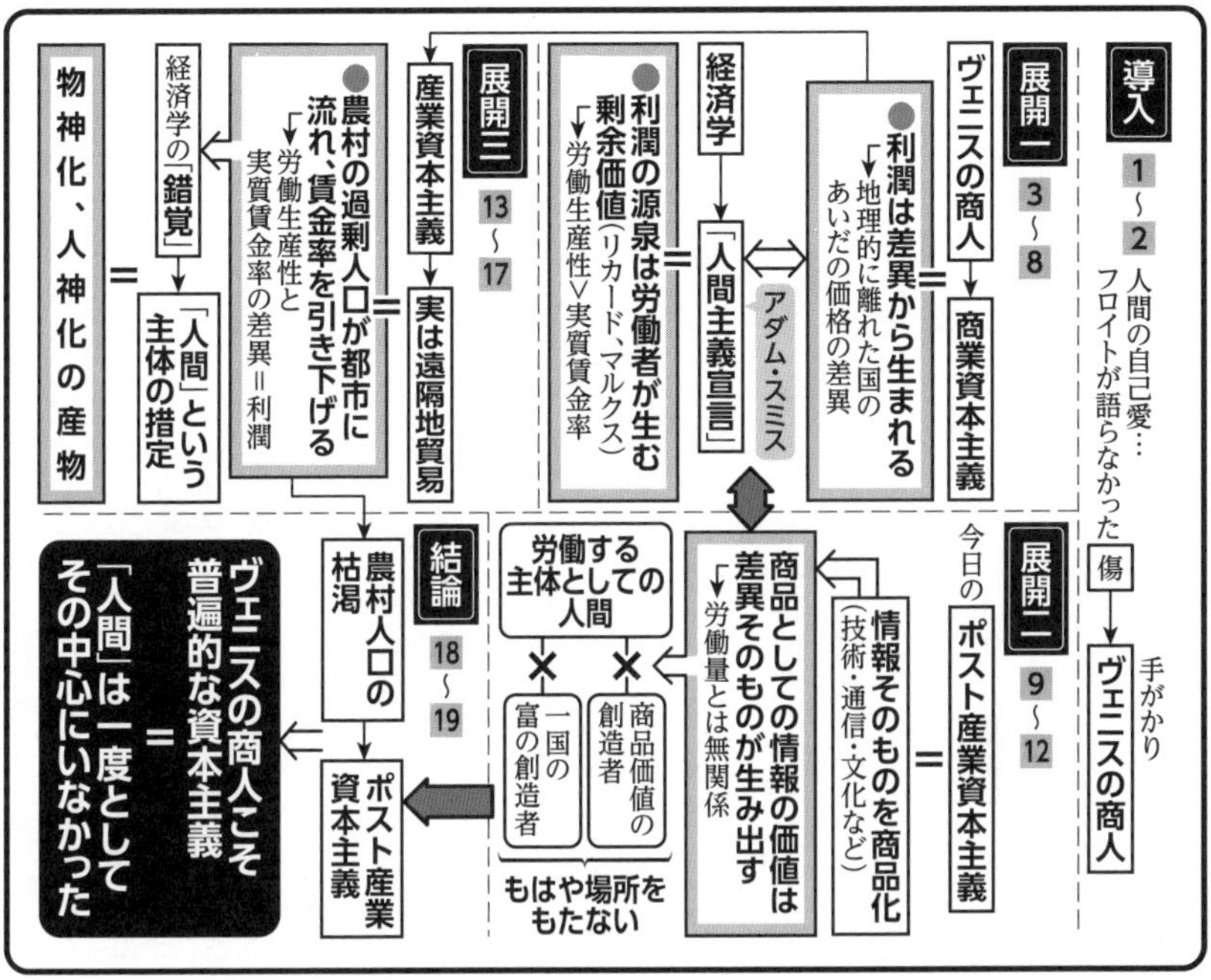

近代ヨーロッパの歴史的経験

（本文120ページ）

【解説　安達　洋】

【作品解説】

本文の筆者は、フランスのアナール学派歴史学について、日本における紹介者の筆頭の一人だ。この学派における史観は二つある。まず一つは、従来の連続史観に対する断続史観で、歴史は接続されても連続はしない、とする考え方。もう一つは、全体史観に対する部分的集合史観ともいうべきもので、国家というものを超越した、巨大な部分の広がりともいうものをまず認め、歴史とはその領域内における事件を認識し記述していくものであるとしている。

本文で筆者は、現状において国家中心的な歴史認識の行き詰まりが見受けられるとして、歴史はまず国家という枠組みを解体し脱出して、地域連合的なところから考えられねばならないと主張する。そしてそうすることが、これまでの国家中心的な細く痩せ衰えた（と考えられる）歴史認識を超えて、地域を広くフォローする生産的で太く豊かな歴史観につながり、人類に新しい歴史認識を達成させ得る力ともなるはずだとする。

とりわけ我が国においては、近隣アジア諸国との包括的で豊かな交流の歴史が、かつてのように植民地と被植民地でアジア圏を考えるよりも、生産的で価値あるものを生み出すのではないのか――。作者のこういった歴史認識の示唆により、来るべき時代の歴史に関する新しく豊潤な考え方が嘱望され、今後もそれは強く要請されていくものだと思われる。

【要旨】

十九世紀の農業から産業への社会経済の基軸移動は、人類史にとって極めて大きい生存条件の変化だったが、それは個々の国家による合理化や文明化と同時に、大量殺戮《さつりく》をもたらした。いずれを焦点化して論じても実状に合わないが、歴史にしても同じである。欧州連合の形成という多元的模索によりヨーロッパは新たな歴史の段階に入ったが、日本もこのような近代ヨーロッパに学び、自国の近代をしっかりと認識してみることが必要だ。（一九九字）

【脚問　解答】

1　農業経済から産業経済へと転換し、知識基盤社会が到来した。

2　同時代の社会を考える場合と同様に、一面だけを見て全体的な特徴と考えてはならないということ。

3　戦勝国の兵や戦いを記念するだけでなく、どこの国の兵士であっても分け隔てなく追悼するものになっているということ。

【理解・表現　解答】

理解1　大規模な機械制工業を中心とした産業経済へと転換し、人・もの・情報の移動や流通は、国を超え量も速度もかつてないレベルに達した。さらに科学技術の発展も加わり、知識基盤社会が到来した。

理解2　産業文明の時代において、「光」とは、科学技術の進歩のみならず、合理的発想の展開や自由と平等という普遍的理念の確立、芸術的創造の広がりを指す。一方「陰」とは、資源の浪費や植民地支配の残虐性、殺戮兵器の開発による大量殺戮のことを示している。

表現1　省略（欧州連合に当たるものを、わが国を含めたアジア地域で結成することができるのかどうか。また、結成できれば何がその長所となるか。以上の点が明確な根拠を添えて語られているとよい。）

【論の構成】

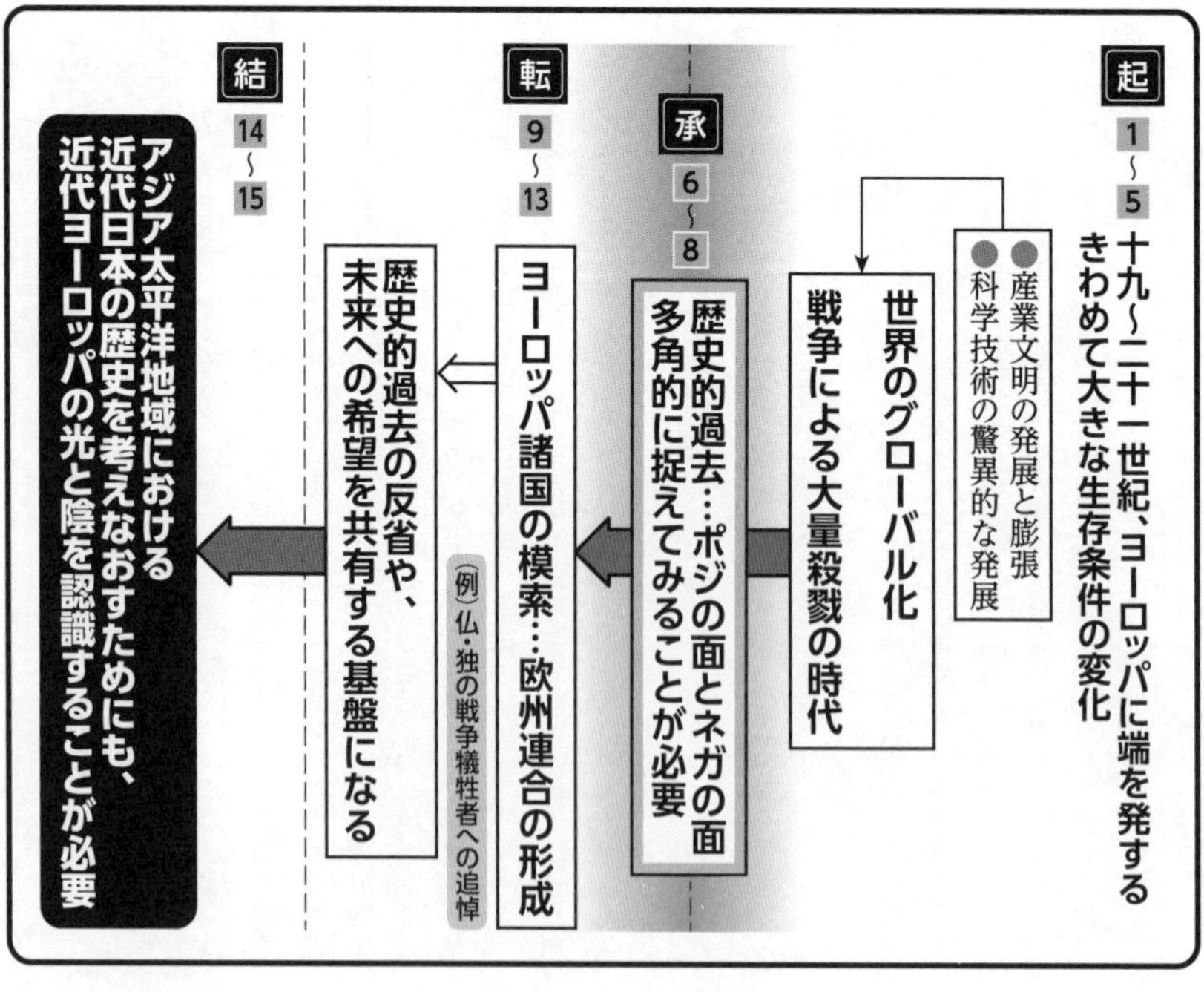

起
1〜5
十九〜二十一世紀、ヨーロッパに端を発するきわめて大きな生存条件の変化
●産業文明の発展と膨張
●科学技術の驚異的な発展
世界のグローバル化
戦争による大量殺戮の時代
承
6〜8
歴史的過去…ポジの面とネガの面
多角的に捉えてみることが必要
転
9〜13
ヨーロッパ諸国の模索…欧州連合の形成
(例)仏・独の戦争犠牲者への追悼
歴史的過去の反省や、未来への希望を共有する基盤になる
結
14〜15
アジア太平洋地域における近代日本の歴史を考えなおすためにも、近代ヨーロッパの光と陰を認識することが必要

日本文化の空間意識

（本文127ページ）

【解説　編集委員会】

【作品解説】

「目玉ジャクシの原初的サッカー」（八ページ）で論じられていたように、「自己」とは「他者」との相互参照関係の中で見えてくるものである。私たち日本人の自文化や風習も、普段の生活の中ではあまり意識に上らないが、他国の文化と比べてみたとき、その特徴がありありと具象化されることがある。だから、日本文化を論じる評論はしばしば「比較文化論」となることが多い。

本文の筆者・加藤周一は、古今東西にわたる広い教養と、徹底した合理的・論理的思考によって、戦後から今世紀初頭まで永く活躍した批評家だが、その仕事の大きな起点になったのが一九五一〜五五年のフランス留学であった。そこで西洋の文明に接した筆者は、帰国後の一九五六年、『雑種文化——日本の小さな希望』を発表し、「日本人は日本人の立場に立たねばならぬ」という原則を打ち立てる。その姿勢は、西洋・中国の広汎なテキストと比較して日本の文学の伝統を描き出した筆者の代表作『日本文学史序説』（一九七五年）に結実するが、本文においても、筆者は豊富な具体例を用いて日本の建造美術（および日本美術全般）の特質である「非相称性の美学」、そしてそのような美学を発達させるに至った日本人の来し方を明らかにしている。中国との比較から日本文化の細部尊重主義を指摘するだけでなく、その背景を自然／社会／歴史という多元的な観点から裏づけていく筆者の分析は、日本文化を論じたものとして圧巻である。

筆者が日本文化論に向かったのは、戦争という巨大な転換点が「日本人とは何か」という問いを否応なく突きつけたからだった。その問いは、近代という大きな物語が終わり、新しい価値観を見つけねばならない時代に生きる私たちにも、同じようにのしかかっている。

【要旨】

中国や西洋では全体の構造の均衡を重視する左右相称性の美学が発達したが、日本では中国の影響を受けながらも、中国とは異なり、部分の洗練を全体に優先する非相称性の美学が発達した。非相称性の美学は、相称性を欠いた日本独自の自然や、全体よりも部分の改善に成員の意識を集中させるムラ社会によって強化されていったが、戦国時代の社会体制の不安定化にともなう茶室空間の造形においてその頂点に達した。

（一九〇字）

【脚問　解答】

1　全体であるムラ社会は、どのように努力しても変えようがないから。

2　ムラ人にとって外部の人間は全体の中に位置づけられない他者であり、その場という部分における互いの欲求がすべてとなるから。

【理解・表現　解答】

理解1　中国や西洋においては、造形は全体の均衡を重視した相称的美学を目指すのに対し、日本では部分が全体の構造に優先し、細部の洗練を突き詰める非相称的美学を目指すという違いがある。

理解2　全体が完全に安定しているときには全体を変えようとするより部分の改善を行うほかないが、同じように、全体が極度に流動化して不安定な際も、全体を安定させようと努力するより部分の改善を突き詰めていくほうが心理的に負担が少ないから。

表現1　省略

【論の構成】

序論 1〜2 **相称性と非相称性**

●**中国モデル…左右相称を志向** 〈具体例〉京都に見られる碁盤目状の道路・四天王寺

●**日本モデル…相称性の排除** 〈具体例〉街道に沿った町並み・武家屋敷・桂離宮・茶室

【問題提起】「どこにも相称性を含まない日本の空間秩序は、どのような文化的特徴を条件に成り立ったのか？」

本論 3〜7 **非相称的美学の背景**

相称性への抵抗の背景にあるものは何か

①**部分からはじめて全体に至る「建て増し主義」の習慣**……部分が全体に優先する美学

②**自然的環境の影響**……風景の細かな細部が際立つ山国の自然

③**社会的環境の影響**……**「ムラ社会」という揺るぎない全体**が所与としてあり、人々は部分の改善に集中するほかない

結論 8 **茶室――非相称性的美学の頂点**

一五・一六世紀の内乱（戦国時代）→秩序（全体）の極度の不安定化→**全体の極度の安定**と同じく、全体から部分への脱出願望を強化

「**茶室**」……現実の権謀術数から逃れ、自然・歴史・時間の流れに従いながら、限りなく洗練された細部＝**非相称性の美学の頂点**

一種の美学革命として、その後の日本美術に大きな影響をもたらす

異文化としての子ども

（本文134ページ）

【解説　編集委員会】

【作品解説】

私たちは子どもの頃から、「時間を守る」ことを絶対のルールとして教わってきた。「社会」で生きる以上、「時間」は人々にとって従うべき統一の基準であり、「遅刻」は他者に迷惑をかける行為なのだと。私たちは、そのようにして未熟な「子ども」から、当たり前のことを守れる正しい「大人」へと教育されてきたのである。

しかし、時間を直線的に流れる一貫した基準と見なす思想は、「近代」になって生み出されたものにすぎない。過去から未来へ、原因から結果へ、規則的に流れていく機械的な基準として時間を捉え、それを人々に従属させることによって、近代社会の「合理主義」は多様な「個人」を均質的な「市民」／「労働力」／「兵士」へと教育していったのである。そうした視点から見れば、時間の流れを意識しない「子ども」は、教化される前の未熟な素体でしかない。

筆者はそのような枠組みに疑問を投げかける。子どもの時間認識は未熟／成熟といった優劣で評価すべきものではなく、それ自体が独自の価値を持った認識なのであり、そこからはむしろ「何事にも意味や因果関係が見えなければ不安」という大人の弱さがあらわになるのだ。

近代がその根幹としてきたさまざまな仕組みがいま、耐用年数を迎えつつあるのかもしれないとは、多くの思想家が指摘するところだ。近代の「当たり前」が隠蔽してきた「異文化」を再発見し、その発見によって私たちの生活がいかに豊かになるのかということが、これからの重要な論点になるのである。

【要旨】

子どもたちの言動は、大人の目には一貫性に欠け、「因果律」に支えられた大人の常識を崩すものとして不安を与える。子どもたちの言動のつじつま合わせをしようとする大人たちは、ばらばらに見える子どもたちの言動が、不思議なまとまりと特有の輝きを持っていることに気づきにくい。子どもは、大人の「時間」の枠組みとは異なる、長さと厚みを持った「いま」だけを生きる存在なのである。（一八〇字）

【脚問　解答】

1　子どもたちの行為を、一貫した意味を持つものとして理解し、説明しようとすること。

2　因果関係が明確だと人は納得し、そうでない場合は受け入れがたいという寺山の発言が、子どもを前にした大人の対応と完全に一致するということ。

3　大人の言動は時間を連続したものとして捉えた上でのものなので、非連続の「いま」に生きる子どもたちには理解されないから。

【理解・表現　解答】

理解1　大人は事象を因果関係的に把握し、時間を連続するものとして捉えるのに対し、子どもは因果関係を意識せずに行動し、時間を非連続の「いま」として捉えているから。

理解2　過去や未来とかかわりのない、非連続のもの。／他と並びようもなく、それぞれ絶対的なもの。／瞬間ではなく長さと厚みを持った、ひとまとまりの「出来事」であるもの。

表現1　省略（「子ども」を知ることが、「大人」「社会」を考える上でどのような意義を持つか、考えてみたい。）

【論の構成】

導入 1～9 **大人を脅かす、子どもの「ばらばらな言動」**

①子どもたちの勝手な動き→
大人は不安と焦燥を感じる
〈具体例〉小学校の休み時間
●解放された子どもたち…混沌の相
●大人たち……手も足も出ない思い
→ **大人たちの「不安」の理由は何か？**

②子どもたちの気まぐれで不可解な言動→
大人はあきれ、失望し、怒る
〈具体例〉玩具・将来の希望など、大学生の観察した子ども
●子どもたち…つじつまの合わない言動
●大人たち……「意味の一貫性」が無いことにとまどう
→ **大人に「非連続」「断片的」と見える子どもの言動が物語るものは何か？**

本論 10～12 **「因果律」にとらわれた大人**
（序論への答え）大人は通俗的な因果律に慣れすぎている

大人─┬因果関係が不明確→反発
　　　└因果関係が明確→納得

理由のわからない子どもの言動→反発→つじつま合わせ→納得

大人が気づかないもの…子どもたちの世界の実像（独自のまとまりと輝き）
大人の世界の実像……非連続であること

結論 13～21 **子どもの世界の輝き…「いま」を生きる子ども**
大人の「時間」の枠組みとは異なる、子どもの「時間」
〈具体例〉ある幼児の作った絵本
●子どもらが生きる時間は「いま」だけ
●非連続の異なった「いま」を生きている
●長さと厚みを持った「いま」

子どもは「いま」を生きる存在である

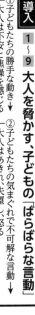

エアポート・ロビー

（本文144ページ）

【解説　関　睦】

【作品解説】

本文は、筆者の体験をもとに、空間的な境界をめぐる思索が展開される。冒頭で示される具体的記述は、筆者の嗜好《しこう》を示すとともに、それらはその場所が、私たちに何ら意味をもたらさないための条件であると気づかせてくれる。異国の巨大な空港のロビーで筆者が感じる「不思議な心地よさ」「解放感」の理由は、そこでは他者が何者であるかを知らず、同様に自分が何者であるかも誰も知らないという、個性という意味が無化される場にあることを示す。言い換えれば、そこは誰もが特定の誰でもなく、同時に誰でもあり得るという、自他の境界を越えて人が存在しうる場だということである。

敷衍《ふえん》すれば、現代における「場所」とは、特殊な条件下にある場合をのぞき、匿名性と偶然性とが現象する抽象的な場そのものなのである。空港は、国内／国外を分ける国境という第一義的な機能と、そこに分かちがたく付随するネーション・ステートによる支配／ネーション・ステートからの自由という権力関係とを無化する場所であり、そこでの経験は地球規模の時空間を経験する糸口になるとする。

具体例を中心に平易な言葉で書かれているが、二元論的思考に慣れ過ぎた私たちに異なる視座の存在を示唆するエッセーとなっている。

【要旨】

私の一番好きな空間は異国の巨大な空港のロビーだ。この空間は、意味を仮託しても意味をなさず、外と内とを分ける象徴的な意味を持たない巨大なヴォイドであり、不思議な心地よさと解放感がある。たいていの公共的空間でこれに似た経験が生じ、特殊な条件以外では、場所とは今や他者がたまたますれ違う空間なのだ。都市もそうである。空港というゼロの権力に支配された不思議な空間は、地球規模の時空間を経験する端緒なのである。

（二〇〇字）

【脚問　解答】

1　ガラスと金属。

2　劇場のロビー。

3　人間同士が何らかの心的関係をもつことができる場所。

【理解・表現　解答】

理解1　空港は、どのような人間が存在し、どのように世界を形作っているかを示す場所ではなく、互いに無関係な者たちが一時すれ違うさまを表すだけの無意味な空間でしかないということ。

理解2　現代の都市では、人々がつながるための空間は必要に応じて流動的に生み出すことができるので、固定的な場所や建造物は不要であるから。

表現1　他のネーション・ステートとの境界線上にあり、特定のステートに属さない権力でありながら、人々の移動を管理する機能によって人々を支配する権力。

【着眼点】「ゼロ」という比喩を具体的表現で言い換える問題である。比喩表現を具体化する場合、筆者の発想のパターンを考えると解答の糸口がつかめることがある。本文では、どのような状態を筆者が「ゼロ」と表現しているか、具体的に確認するとよい。同じ段落の中に「ゼロの空間」ということばがあり、ここでは「どこにも属さない」ことを「ゼロ」と表現していることがわかる。

【論の構成】

起 1 一番好きな場所 ＝ 異国の巨大な空港のロビー

●知覚の邪魔にならないで済む設計
●多系の機能で構成された空間だが、人には気づかれないよう巧みに構成

＝

承 2〜4 意味を仮託しても意味をなさない空間

→国の内部にある国境だが、外／内を分ける象徴的な意味を持たない

●お互いに他者だと確認し、別れる場所
●見世物の生起する巨大なヴォイド

不思議な心地よさ・解放感

流動する世界の結節点だが、世界を表象する形式ではない

転 5 空港 ＝ たいていの公共の場所

似た経験… 他者がたまたますれ違う空間 ＝ 都市もそうである

結 6 パスポート・コントロールをとおった後の空間 ＝ ゼロの空間 ＝ 地球規模の時空間を経験する端緒

●わずかながらネーション・ステートに属す ↔ ●だれのものでもない権力が支配

グローバリゼーションの光と影

（本文149ページ）

【解説 井戸 大】

【作品解説】

新型コロナウイルスの世界的な大流行は、加速度的に進むグローバリゼーションを実感させる。

歴史を遡れば、アメリカナイゼーションにより米国の文化や経済は、世界中に拡張していった。評論家・多木浩二は『都市の政治学』において、米国の大手ハンバーガーチェーンが世界を席巻するに至り、ファーストフードが食文化を「均質化」し、「ネーション固有の文化」を「希薄化」し、「ローカルな都市を世界規模にまで広がった同一の網目に組み込む」と論じた。それに対する反発・反動として、その土地の人々が食してきた伝統的かつ健康的なスローフードが注目を集めるようになった。これは、独自性の喪失という危機感によって、自らの国や地域を保持しようというナショナリズムであった。

本文ではさらに権力の問題を取り上げる。哲学者・萱野《かやの》稔人《としひと》の『国家とはなにか』にも同様の議論があるが、グローバリゼーションの影響で価格や人件費の安い海外製品にシェアを奪われた結果、経済的に困窮した人々は政府（国家権力）に、社会福祉、税の再分配という経済的助成を求める。しかし政府は、ナショナリズムを掲げ、徴税よりも国際社会での競争に打ち勝つことで経済を豊かにしようとする。対立の構図は、結局共犯関係であったことが示される。

だが本文はそれらを論じることだけが目的ではない。議論での単純な二項対立を避け、根本的なものの見方を注意喚起しているのである。

【要旨】

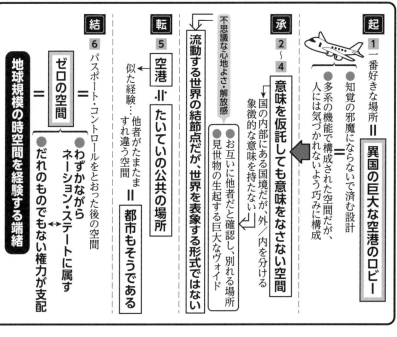

グローバリゼーションとナショナリズムは対立関係ではない。交通の発達や文化の均質化が、国境内か国境を越えるかで呼び方が変わるに過ぎず、両者は共犯関係として相互に高め、補完し合っている。一方、両者の対立問題は、国家には権力があるが、国家を超える権力は存在しないという点にある。しかし、権力の問題でも両者は共犯関係にある。単純な二項対立ではなく、両者の共犯関係を把握しなければ、現実的な議論は進まない。（一九八字）

【脚問　解答】

1　交通の発達や文化の均質化などが（本質的には同じであるにもかかわらず）国境の内外では呼ばれ方が違うということ。

2　それぞれの国家が独自性を主張する一方で、その主張の方法は同じであるという画一性を強調するため。

3　国家には主権がある一方、国家を超える権力は存在せず、ナショナリズムとグローバリゼーションとには相違がある、ということ。

4　グローバリゼーション対ナショナリズムという単純な二項対立。

【理解・表現　解答】

理解1　ナショナリズムの覚醒はグローバルな他者接触の結果として発生し、ナショナリズムの形成はグローバルな模倣関係によって行われ、国家興隆政策はグローバリゼーションを加速し、さらにグローバリゼーションの現象の多くは国家の存在を前提としているということ。

理解2　グローバリゼーションによる格差拡大を受け、ナショナリズムは国家権力による再分配を求めるが、国家はナショナリズムの名の下にグローバルな競争での勝利に注力しようとする、ということ。

表現1　省略

【論の構成】

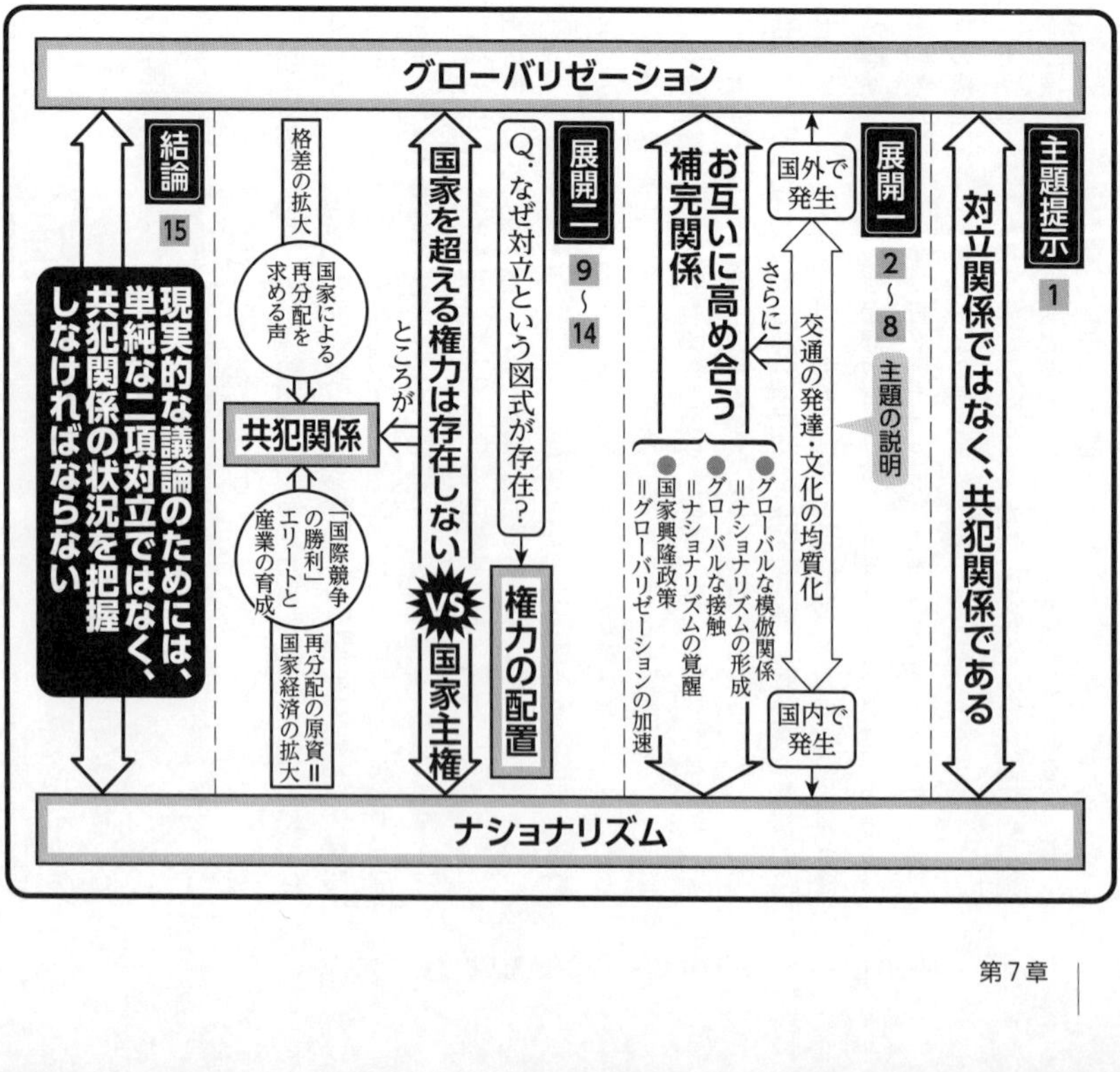

「閉じられたこと」の持つ力

（本文153ページ）
【解説　神德圭二】

【作品解説】

国際化や国際交流が時代のキーワードとなって久しい。情報通信技術が加速度的に進化し、通信に要する時間はもはやゼロに等しくなった。物理的な移動時間はゼロとはならないが、かつてと比べると格段に短縮されたと言えるだろう。国内に目を転じると、インバウンドの隆盛は各地の風景を一変させた。これまでは考えられなかったような頻度で外国の人と交流することができ、その点で私たちは「開かれたこと」の恩恵に浴しているのは間違いない。

ただ、「開かれたこと」（国際化や国際交流）は果たして善の価値のみをもたらしてきたのか、というのが本文の問題意識である。「開かれたこと」の対岸に、「閉じられたこと」によって成熟してきた文化や芸術があることを私たちは知っている。「開かれたこと」（グローバリゼーション）の持つ淘汰《とうた》圧によって、そのような「閉じられた」時空間の中でしか存在できないようなか弱いものの価値が忘れ去られたり、失われたりすることの危惧が筆者にはある。筆者は「閉じられたこと」の持つ価値について、ともすると「愛国心」の問題に回収されがちな議論から一定の距離を取り、その本質を「まったく違った形の生き物や文化を生む母体」と表現し、そこに多様性の源泉を見ている。とすると、「開かれたこと」と「閉じられたこと」の対立は、大胆な言い方をすれば、〈多様性と多様性の対立〉という厳しい構図を私たちに突きつけていると言えるのかもしれない。

学問をすること・探究をすることにとって最も基礎的な作業の一つが、あらゆる先入観を排除してより根本的な議論をすることである。現代社会にとって国際化や国際交流が肯定的な価値を持つこと自体は間違いない。ただ、「閉じられたこと」の価値にも注目することで、「開かれたこと」の持つ価値を本質的に見つめ直し、より骨太な国際理解につなげるきっかけとしてほしい。

なお、本文第三段落の「昼の力」「夜の力」という比喩に唐突の感を覚えた人がいるかもしれない。この両者は本文の出典となった『科学と非科学』の一つの基軸をなす概念である。「昼」は「光」に言い換えられ「科学の成果」を指し、「夜」は「闇」に言い換えられ科学の成果が及ばぬ「混沌の中」を指す。本書によると、「夜」つまり「闇」を恐れず「とりあえずやってみる」という選択によって人類の豊かさがもたらされた側面があり、教材本文にもその文脈が通底しているということを指摘しておこう。

【要旨】

現代ではグローバリゼーションといった「開かれたこと」の価値が自明のこととして肯定されている。一方で、かつて日本が島国で独自の文化を育んだように、あるいは閉鎖的な環境で優れた芸術作品が生み出されたように、「閉じられたこと」は生命や文化の多様性を生み出す母体ともなる。「開かれた」場においては、一つの観点における強者のみが生き残り、世界の多様性や独自性が失われる危険性がある。大学も例外ではない。

（一九六字）

【脚問　解答】

1　偏りや純度を保つためには閉じられた時空間が必須だということ。
2　閉鎖的な時空間でこそ物事が成熟していくという考え方。
3　ある一つの選択圧の結果として生き残ったもの。

【理解・表現　解答】

理解1　明治維新より前の日本における着物や日本語のように、閉じられた時空間の中で生まれた、生命力が高く密度の濃い文化の力。

理解2　大学は〝閉じられた時空間〟と無縁になり、たくさんの情報が流れ込んできて、一つ一つの「必要で大切な」案件の出力がすぐに要求されるが、その結果本分であるはずの「何かが育つのを待つようなゆっくりとした時間や空間」が失われていること。

表現1　（解答例）小さく閉じられたシャーレの中でカビの胞子が発芽し菌糸が伸びていく様子を読み手に生き生きと想像させることで、本文で筆者が主張してきた「『閉じられたこと』の持つ力」、閉じられた空間で多様性や独自性が育まれるという説に説得力を持たせている。また、最初の段落にも記した「カビが生える学問」ということばで締めくくることにより、研究者として「『閉じられたこと』の持つ力」を実感しつつ、学問の本場である大学からその力が失われてきていることへの危機感があるのだと読み手にあらためて感じさせ、本文を記した動機を際立たせている。

【論の構成】

導入　1 「私」がやっている「カビが生える学問」

問題提起　2〜3 「閉じられたこと」という視点の提示

現代…「開かれたこと」が社会の基礎 ⇔ 「閉じられたこと」に無頓着
（「自明の善」）
「意義は意外に大きい」

展開一　4〜5 「閉じられた」空間の意義

かつての日本（ちょんまげ／羽織袴／お城／日本語）
↓
閉じられた空間の中で文化が育まれてきた
＝
まったく違った形の生き物や文化を生む母体となる
（文化的アイデンティティー、愛国心とは少し違う）

展開二　6〜8 芸術における事例

心の奥に封じ込まれた物語 ⇒ 多くの人を感動させる力を持った芸術
「閉じられた空間」で洗練

結論　9〜13 「開かれたこと」の危険性

グローバリゼーション、グローバルスタンダード
← 生き残るのは「偏った特徴」が強いものばかり（大学も例外ではない） ⇒ 多様性・独自性が失われる

14 閉じられた空間で、カビが「世界」を作る
…「カビが生える学問」
論旨を印象づける

「解答編」執筆者一覧（敬称略・五十音順）

洛南高等学校　安達　洋
東京都立墨田川高等学校　新井通郎
高槻中学校・高等学校　石堂有紀
桐光学園中学校・高等学校　井戸　大
京都先端科学大学附属高等学校　伊吹侑希子
青稜中学校・高等学校／桐朋女子中学校・高等学校　金子俊之
金蘭千里高等学校　川野貴志
法政大学第二中・高等学校　喜谷暢史
灘中学校・高等学校　神徳圭二
三田学園中学・高等学校　小宮啓明
巣鴨中学校・巣鴨高等学校　境野哲夫
日本大学櫻丘高等学校　関　睦
芝中学高等学校　西村謙一
東海中学校・高等学校　林　真也
麻布中学校・高等学校　八木澤宗弘
宮崎県立宮崎北高等学校　山田聡子
大阪府立北摂つばさ高等学校　李野祐資

図版協力者　株式会社アトリエ・プラン／atelier PLAN